青春文庫

語彙力がどんどん身につく

語源ノート

話題の達人倶楽部［編］

青春出版社

はじめに

ふだんなにげなく使っている言葉にも、ふと気づくと、謎に満ちた言葉が多数ひそんでいるもの。たとえば、「思う壺」という言葉には、なぜ「壺」という漢字が使われているのでしょうか？　思いどおりになることと「壺」には何の関係もなさそうに思えるのですが……。あるいは「若干」という言葉、この「若」や「干」には、どんな意味があるのでしょうか？

そんな疑問を解決するには、むろん「語源」をたどるのが一番。「思う壺」の「壺」にも、「若干」の「若」や「干」にも、その言葉・文字が使われる理由があるのです。

というわけで、この本では、約９００語の気になる言葉を選び、その語源をコンパクトに紹介しました。よりすぐりのおもしろ話、含蓄深いエピソードを集めたので、お読みいただければ、話のネタが増えることは間違いなしです。加えて、語源を知れば、慣用句をうっかり誤用したり、漢字を書き間違えたりすることもなくなるはずです。

日本語を楽しみながら、しかも言葉に強くなれるこの本で、ぜひ私たちの国語の奥深さをご堪能いただければ幸いに思います。

２０２０年10月

話題の達人倶楽部

語彙力がどんどん身につく語源ノート＊目次

1 語彙力がどんどん身につく語源の話

3 語源でたどる「お決まり表現」……79

4　語源をきちんとおさえたい大人の「熟語」……133

7

料理、動物、植物…の名前の由来は？……305

DTP■フジマックオフィス

1

語彙力がどんどん身につく語源の話

■ボキャブラリーを増やすには、語源を知ろう

斟酌《しんしゃく》……本来は何を扱うこと？

「斟」も「酌」も、酒や水を汲むという意味。かつては、酒や水をほどよく汲み分けることをいった。それが酒や水ではなく、相手の意を汲む意味に変わり、さらには相手の意を汲むことから、遠慮するという意味が生まれた。

墨守《ぼくしゅ》……「墨」との関係は？

「墨」は、中国春秋時代の思想家・墨子のこと。墨子は博愛を説く一方、兵法家であり、楚軍の侵攻から城を守りとおした。そこから転じて、昔のしきたりや自説をかたくなに〝守る〟ことを意味するようになった。

推敲《すいこう》……「推す」か「敲く」かで迷った詩人

中国・唐代の詩人・賈島《かとう》が「僧は月下に門を推《お》す」という漢詩をつくったとき、「推す」を「敲《たた》く」にすべきか迷った。そこで韓愈が助言し、「敲く」に決まった。そこから、文章を考え練り上げることを指すようになった。

一入《ひとしお》……もとは、染め物に関係する言葉

「一入」の語源は、染め物用語の「ひとしほ」。「ひとしほ」は、染め物を染料に一回浸《ひた》すことを指す言葉で、そうすると染め物の色が濃くなることから、「いっそう」「ひときわ」という意味が生じた。

搦手《からめて》……城には、かならずあった

城の正面が大手門であるのに対して、「搦手」は裏門のこと。また、裏門を攻める軍勢のことも「搦手」といい、城攻めでは正面よりも搦手への攻撃のほうが、戦果があがることがあった。そこから相手の弱点、注意していないところを意味するようになった。

辟易《へきえき》……もとは、道を避けて場所を変えるという意味

「辟」には「さける」、「易」には「かえる」という意味があり、そこから、「辟易」はもとは「道を避け、場所を変える」という意味。そこから、尻込みすることを意味するようになり、やがて閉口する、うんざりするという意味で使われるようになった。

雁首《がんくび》……どんな恰好の首？

本来は鳥の雁の首のこと。それが「雁首そろえて待っておけ」などと、人間の首や頭を乱暴にいう言葉になったのは、雁の首が細く、弱々しく見えるところから、相手を弱者扱いする語として使われるようになったため。煙管の先の曲がった部分にこの名がついたのも、形が雁の首に似ていたから。

刹那《せつな》……仏教では、どれぐらいの時間？

仏教の世界で、時間の最小単位を意味する語。指を一回弾く間に、六十あるいは六五の「刹那」があるとされ、生き物は一刹那ごとに生滅を繰り返すとされた。そこから、「きわめて短い時間」を意味するようになった。

跋扈《ばっこ》……魚が籠を越えてはねる様子を指した語

「跋」は越える、「扈」は水中に仕掛けた竹の籠を意味する。古代中国で「跋扈」は、魚がその籠を越えて飛び跳ねるさまをいった。そこから、欲しいままにふるまうこと、のさばり、はびこることを意味するようになった。

大枚……中国では、大きな貨幣のことを指した

中国には昔、「餅銀《へいぎん》」という平たい餅のような形をした銀貨があり、貨幣として流通していた。その餅銀の中でも大きなものを「大枚」と言い、転じて、多くのお金のことを意味するようになった。

鷹揚《おうよう》……鷹が飛ぶさまから生まれた言葉

鷹が大空をゆったりと飛ぶさまから、いまの意味が生まれた。ただし異説もあり、ゆっくりしたさまをいう「大様《おおよう》」という言葉が先にあり、これに「鷹揚」の字が当てられたともされる。

■心に残る印象的な言葉の使い方

噴飯物……どんな物？

「噴飯」は文字通り、食べかけの飯を噴き出すこと。そんなことになるのは、思わずこらえきれずに笑ってしまうほどに、馬鹿馬鹿しいことだから。そこで、「噴飯物」は、お話にならないほど、馬鹿げたこと、愚かなことを意味する。

断腸《だんちょう》の思い……なぜ「断つ」のが「腸」なのか？

東晋の武将だった桓温の家来が、一匹の小猿を捕まえたところ、その母親の猿が悲しみのあまり、腸が引き裂かれた状態で絶命していた。この古代中国の故事から、はらわたがちぎれるほど、つらく悲しいことを「断腸の思い」というようになった。

ほうほうの体《てい》……「ほうほう」って何のこと？

漢字では「這う這うの体」と書き、這うように身をかがめて、逃げるさまをいう。そのような姿で逃げ出すのは、さんざんな目にあったからであり、そこから命からがら逃げのびるさまを「ほうほうの体」というようになった。

雲泥《うんでい》の差……雲と泥が出てくるのは？

「雲泥の差」の「雲」は天、「泥」は地を意味し、ひじょうに違いが大きいこと。語源は次のような中国の故事から。漢の呉蒼は仲彦を尊敬し、次のような手紙を書き送った。「仲彦さん、あなたは世にうずもれている。私は雲に乗り（公職につき）、あなたは泥を行き（民間におり）、住むところは違うが、私はあなたのことを嘆息しないことはない」。

堂々巡り……神社や寺で行われた儀式から

「堂々巡り」は、もとは神社や寺の「堂」のまわりを何度も回る儀式を指した。そこから「同じことを何度も繰り返し行う」という意味に変わり、物事が先へ進まない場面で使われるようになった。

人いきれ……「いきれ」って何？

人が大勢集まって、体温やにおいで蒸されるようになった状態を「人いきれ」という。熱気を帯びて蒸し暑いことを意味する動詞「熱《いき》れる」の名詞形に、「人」が合わさってできた表現。「車内は人いきれで気分が悪くなりそうだった」などと使う。

鞍替え……「くら」を変えるということは？

「鞍替え」の「鞍」は、もともと遊女の居場所を意味する言葉。その昔、病気やトラブルなどが原因で、ほかの遊女屋へ移動させられることを「くらがえ」といった。それが転じて、職場や所属、思想や立場を変えることを意味するようになった。

横紙破り……「横紙」ってどんな紙のこと？

和紙は縦に漉《す》き目があるので、縦に裂くのは簡単でも、横にはうまく裂けない。それなのに、力まかせに横に引き裂くように、自分の意のままに強引に事をすめる人のことを「横紙破り」というようになった。

威丈高《いたけだか》……座高が高いという意味から

「威丈高」とは、座ったときの背丈が高い様子を意味する言葉。そこから転じて、「上半身を伸ばすようにして、体を大きく見せること」「人に対して威圧的な態度をとること」の意味になった。「居丈高」とも書く。

にっちもさっちもいかない……「にっち」とは何のこと？

「二進も三進も」と書く。「二進」は「二÷二」、「三進」は「三÷三」を意味し、どちらも答えは「一」と割り切れる。そこから計算のやりくりがつくことを意味し、「二進三進もいかない」は、やりくりがつかないという意。

にべもない……「にべ」とは何か？

「にべもない」の「にべ」は、魚の名前のこと。にべの浮き袋は、昔は接着剤の原料として利用されていた。そこから、「粘着力がない」「味もそっけもない」という意味で「にべもない」という表現が使われるようになった。

けんもほろろ……「けん」も「ほろろ」も鳴き声だった

「けん」も「ほろろ」も、キジの鳴き声。人の頼みを冷淡に断ることがなぜ「けんもほろろ」かというと、その鳴き声「けん」が、思いやりがないという意味の「慳貪《けんどん》」、とげとげしい言い方の「けんつく」をイメージさせることから。

悲喜こもごも……「こもごも」って？

「こもごも」は「交々」と書き、多くのものが次々と現れてくるさま、あるいは、多くのものが入り混じっているさまをいう。「悲喜こもごも」は、悲しいこと、うれしいことを、代わるがわる味わうこと。

■どういう「人」かわかりますか

露払い……昔は高貴な仕事だった

公家が蹴鞠《けまり》の会を行う際、まず鞠を蹴って周囲の木の露を払い落とした。これを行う人を「露払い」と言い、やがて貴人の先頭に立って道を開く人を指すようになり、さらに相撲で横綱土俵入りの先導役を務める力士を指すようになった。

お歴々……「歴史」とは関係ない

「歴」という漢字には、「歴然」などのように「はっきりと区別されているさま」という意味がある。他の人びととは、はっきり違う人たちという意味で、社会的地位の高い人、知名度の高い人などを「お歴々」と呼ぶようになった。

腹心……なぜ体にたとえるのか？

この「心」は「胸」のことで、「腹心」は腹と胸という体の大事な部分を指した言葉。転じて心の奥底を指し、そこから、心の奥底に隠したことも打ち明けられるほど、信頼している人を指すようになった。

大立物……立物ってどんなモノ？

「立物」は、兜の鉢につける装飾品。「前立物」「後立物」「脇立物」「頭立物」などがあり、地位の高い武士ほど立派な立物で飾った。そこから、ある社会で最も重んじられる人のことを「大立者」と呼ぶようになった。

泰斗《たいと》……どれぐらい偉い人？

「泰山北斗」の略。「泰山」は中国の名山、「北斗」は北斗七星。唐代の韓愈《かんゆ》は、後にさまざまな分野の学者たちから、泰山北斗を仰ぐように尊敬された。そこから、その道の大家として最も尊敬される人を指すようになった。

鉄面皮《てつめんぴ》……厚かましいことを、鉄の皮で表現する訳は？

鉄のように面の皮が厚く、恥を恥とも思わないことを「鉄面皮」という。中国の書物に「光遠という男の面の皮は、まるで十重に作った鉄甲のようだ」という一節があることから。「厚顔」と同じ意味で使う。

■言葉の選び方ひとつに知性はあらわれる

首級《しゅきゅう》……「級」という字を使うのは？

「首級」は、討ち取った首のことで、この「級」は階級、位を意味する。中国の戦国時代、秦では敵の首を一つとると、階級が一つ上がった。首取りと昇進がセットとなっていたため、首に「級」をつけて表すようになった。

杞憂《きゆう》……何を憂いたのか？

中国の周代に、杞の国の男が、天が落ちてくるのではないかと憂い、食事もできなくなった。それはありえないことへの心配であり、そこから、あれこれと無用な心配をすることを「杞憂」というようになった。

無尽蔵《むじんぞう》……もともとは仏教をたとえた言葉

もとは、広くて尽きることのない功徳《くどく》を持っている蔵のことであり、仏法、仏教をたとえた言葉だった。やがて仏教の世界を離れて、一般の世界でも「尽きることがない」という意味で広まった。

野方図《のほうず》……「野方・図」か？　「野・方図」か？

「方図」は、物事の限度、際限のこと。「方図がない」は際限がないという意味で、「無方図」ともいわれた。その「方図」が野放しになるほど、際限がないという意味で、「野放図」というようになった。

短兵急《たんぺいきゅう》……「短兵」って何のこと？

「短兵」は、刀剣や手槍といった短い武器のこと。「短兵急」は、短兵を手にして急激に攻めるさまを指した。その急激な攻撃への当惑から、「だしぬけ」「ひどく急である」という意味が生まれた。

未曾有《みぞう》……もともとは「奇跡」の意味だった

「未《いま》だ曾《かつ》て有らず」、つまりきわめて珍しいという意味だが、もとはサンスクリット語。「奇跡」を意味する「adbhuta」を漢語化した言葉で、仏教の世界では、かつてありえない仏の偉大さを讃えた言葉だった。

阿吽《あうん》……「あ」と「うん」は何を意味する？

サンスクリット語の「a」と「hum」を漢字化した言葉。「阿」はサンスクリット語の字母表の最初、「吽」はその最後。「阿」は口を開き、「吽」は口を閉じて発音し、「阿吽の呼吸」で気持ちの一致する微妙な調子を指す。

表向き……語源は江戸城にあり

「表向き」の語源は、「表向き」「中奥」「大奥」と分かれた江戸城の構造にあった。公式の行事が「表向き」で行われたことから、転じて「表面上」「世間に対する名目」「うわべの」という意味になった。

■使える日本語をどんどん増やそう

牙《が》城《じょう》……「牙」と「城」の関係は？

大将がいるところや、敵の本拠地を「牙城」というが、これには大将の旗である「牙旗《がき》」が関係している。大将の旗に、象牙を使ったことからこの名で呼ばれ、その旗が立つ場所が城の中心とされた。後に、比喩的に、組織や勢力の中心部を指すようになった。

登竜門《とうりゅうもん》……どこにあった門？

「登竜門」とは、立身出世や成功するためには、通らなければならない難しい関門のこと。出典は中国の『後漢書』で、黄河中流にある急流「登竜」をのぼった鯉は、龍になるという故事に由来する。なお「とりゅうもん」と読むのはまちがい。

土壇場《どたんば》……語源は、首斬り刑にあり

「土壇場」とは、もともと首切りの刑場を意味する言葉だった。斬首刑を行うために築いた土の壇を「土壇場」といったことから転じて、進退きわまった場面や、決断を迫られる場面に使われるようになった。

正念場《しょうねんば》……「正念」とは何か？

仏教で、雑念を離れて仏道を念ずることを「正念」という。それが転じて、歌舞伎や浄瑠璃などのもっとも重要な見せ場を「正念場」というようになった。そこから、気持ちを集中させなければならない、ここぞという大事な場面という意味。

天王山《てんのうざん》……なぜ山が勝敗の分かれ目を意味するのか？

「天王山」は、京都府の南部にある山の名称。天正十年（1582）の山崎の合戦で、羽柴秀吉が明智光秀を破った合戦での要地として知られ、やがてこの山の名前が勝負の分岐点という意味で使われるようになった。

瀬戸際……海に関係する言葉

もともと「瀬戸際」の「瀬戸」は、狭い海峡と大海との境目の部分を指す言葉だった。それが転じて、生死の分かれ目や、成功か失敗かの分かれ道などを意味するようになった。

関《せき》の山……祇園祭に出る山車が語源

「関の山」の「関」は三重県の関町を指し、「山」は山車《だし》を意味する。この町の祇園祭に出る山車がこれ以上ないほど立派であることから、「関の山」は「精一杯」「一生懸命とりくんで可能な限度」という意味になった。

剣《けん》ヶ峰《みね》……噴火口付近を指す言葉

「剣ヶ峰」は、絶体絶命の瀬戸際や、物事の成否を決めるぎりぎりの状態を意味する言葉。本来は、火山の噴火口周辺、とくに富士山の山頂を指した。それが転じて、少しの余地もないという比喩的な意味で使われるようになった。

鬼門……陰陽道でよくないとされた方角とは？

「鬼門」とは、よくないことがおこる方角のこと。苦手な事柄や人物を指すこともある。陰陽道《おんみょうどう》で、鬼が出入りするとして嫌われた丑寅《うしとら》の方角（北東）を鬼門といったことから。近世以降、一般的に使われるようになった。

象牙《ぞうげ》の塔……世俗から離れることを「象牙」でたとえる訳は？

「象牙の塔」とは、学者などの現実離れした研究の場のこと。フランスの文芸評論家サント＝ブーブが、詩人のビニーの態度を批判して述べたのがはじまり。以後、現実とはかけ離れた世界を皮肉る言葉となった。

■ルーツを知ると言葉が自分のモノになる

雁字搦《がんじがら》め……紐や縄で縛りあげる様子から

「雁字搦め」の「雁字」は、ゆるまないように堅く締める様子を意味する副詞「がんじ」に由来するとする説が有力で、「雁字」は当て字。紐や縄で厳重に縛るという意味のほか、束縛が多い様子を表すときにも使われる。

四天王……なぜ「四人」なのか？

「四天王」は、仏教の四人の守護神のこと。東の持国天《じこくてん》、南の増長天《ぞうちょうてん》、西の広目天《こうもくてん》、北の多聞天《たもんてん》（毘沙門天の別称）を指す。そこから転じて、ある道や部門でとくに優れた四人を指して「四天王」と呼ぶようになった。

一本槍……一本の槍しか持たないということは？

「一本槍」とは、文字通り一本の槍のこと。そこから転じて、一本の槍しかもたない下級武士のように「たったひとつの武器で戦うこと」「ただひとつの方法で押し通すこと」を意味するようになった。

後の祭り……祭りが終わった後ということは？

ちょうどよい時機を逃して、後悔することを表す言葉。語源は、祭りのすんだあとの山車《だし》は役に立たないことからという説が有力。そこから「今更悔やんでも仕方がない手遅れなこと」を意味するようになった。

てんてこ舞……「てんてこ」とは何か？

「てんてこ舞」の「てんてこ」とは、小太鼓の音を表現した言葉。小太鼓の音に合わせて、せわしなく舞う様子から、忙しく動き回る様子を意味するようになった。「天手古舞」と書くこともあるが、これは当て字。

代わりばんこ……「ばんこ」とは何か？

「代わりばんこ」とは、代わり合ってするという意味の「代わり番」が変化してできた話し言葉。他に、ふいご板を足で踏む人を「ばんこ」といい、その役を人々が交代しながら行ったからという説もある。

とんとん拍子……トントンとは何の音か

物事が順調に進む様子を表す「とんとん拍子」は、舞台で踊り手がテンポよく踊る様子に由来する言葉。手拍子にあわせて、トントンと調子よく床を踏む音に、具合や調子を意味する「拍子」が加わってできた語。

椀飯《おうばん》振《ぶ》る舞《ま》い……「大盤振る舞い」は当て字

「椀飯振る舞い」の「椀飯」とは、椀に盛った飯という意味。「わんばん」が変化して、「おうばん」になった。平安時代の公家社会で、儀式のさいに椀に盛った食事が振る舞われたことから、近世になって大勢を集めた酒宴を意味するようになった。

鞘当《さやあ》て……刀の鞘が当たると、どうなる？

江戸時代、往来で、侍の刀の鞘同士がぶつかり合おうものなら、たいへんな事態になりかねなかった。「武士の魂を汚した」と、刀を抜き合うこともあったのだ。そうしたトラブルが「鞘当て」という言葉の始まりで、後に「恋の鞘当て」など、もめごとという意味で使われるようになった。

四方山話《よもやまばなし》……なぜ「四方山」というのか？

「四方山話」の「四方山」の語源は、「四方八方」にある。いろいろな方面の話をすることから、山の字を加えて「四方山」という言葉が生まれた。「四方山」という山の名前からきているわけではない。

埋め草……もともと、どんな「草」のこと？

新聞の小さな記事のことを「埋め草」というが、もともと「埋め草」は城の堀を埋めるための草のこと。昔、敵の城を攻撃するとき、草を放り込んで堀を埋めたのである。それが転じて、空いたところを埋めるものという意味で使われるようになり、新聞や雑誌で余ったスペースを埋める記事をこう呼ぶようになった。

赤の他人……なぜ他人は「赤い」のか？

もともと、赤には「明るい」「目立つ」という意味が含まれている。そこから、「はっきりしていること」という意味が生まれ、「赤の他人」で「まぎれもない他人、まったくの他人」という意味になった。なお、「真っ赤な嘘」も同様に「明きらかな嘘」という意。

おんのじ……漢字では、どう書く？

「ありがたい」「すばらしい」ことを意味する「おんのじ」は、漢字では「御の字」と書く。「御所」「御物」など、貴人に関係することには、「御」の字をつけて敬意を表すところから、「御の字」でありがたいという意味になった。江戸初期に遊廓で生まれた言葉とみられる。

のべつ幕なし……「のべつ」って何のこと？

「のべつ」は「延べ」に、状態を表す接尾語「つ」がついたもので、「絶え間なく」「つねに」という意味。一方、この「幕」は、芝居で場面転換に使う幕のこと。ただし、芝居では、後に回り舞台など、幕を使わずに場面転換する演出法が生まれ、それを「幕なし」と呼んだ。「幕なし」だと、芝居を止めることなく、続けられることから、物事が休みなく、ひっきりなしに続くことを「のべつ幕なし」というようになった。

三三五五……三と五には意味はあるのか？

もとは、三人または五人一組くらいで歩いていく様子を表した言葉。そこから、人や家が散在するさまを指すようになった。日本では、古くから奇数が吉数とされてきたため、「三」と「五」が選ばれたようである。

鉢合わせ……この「鉢」は、どんなもの？

「鉢」には、頭の横まわり、あるいは頭蓋骨という意味がある。「鉢合わせ」の

「鉢」は容器ではなく、この意味で使われ、出会いがしらに頭と頭をぶつけること。

■語源からおさえたい〝教養の日本語〟

篠《しの》突く雨……どんな雨？

「篠」は、篠竹のこと。細く群生するササダケ類の総称で、「篠突く」は、多くの篠竹が突き立つようなさま。激しい大雨が地面に叩きつけられるように降ると、まさに篠竹を突き立てるようであるところから、この言葉が生まれた。

時雨《しぐれ》……なぜ、「しぐれ」と読むのか？

降ったりやんだりと、時折り降る雨だから、この漢字が当てられた。平仮名で「しぐれ」となったのは、「しばしくらくなる」雨だからとも、「過ぎ行く（過ぎる）」雨だからともいわれる。

小春日和《こはるびより》……なぜ冬の季語なのに「春」？

「小春」は、陰暦十月の異名であり、いまの十一月。十一月には、春のような暖かな日和が続くことがあり、そこから「小春」の名がついた。晩秋のよく晴れた日のことで、冬の季語となっている。

つごもり……「ひと月の最後の日」をこう呼ぶのは？

太陰暦では、月末はかならず新月となり、月が見えなくなる。そこで「月ごもり」（月隠）がなまって、月末のことを「つごもり」というようになったとみられる。漢字では「晦日」と書き、それに大がついた「大晦日」は一年最後の日。

文月《ふづき》……これで、陰暦七月のことになるのは？

「文月」という名の由来をめぐっては諸説あり、一説には、七月に書物の虫干しをしたことと関係するという。また、七夕行事の際、詩歌（ふみ）を供えることからの呼び名という説もある。

長月……陰暦九月は何が長いのか？

「長月」は、陰暦九月の異称。夜が長い月という意味の「夜長月」の略とみられるが、他に「長雨の降る月」であることからという説もある。

2　おもしろい日本語にルーツあり

■あらためて考えるとフシギな言葉

気さく……「さく」って何のこと？

「さくい」は、淡白で気軽いさまを表す形容詞。それに気質を表す「気」がついて、「気がさくい」という意味で「気さく」という言葉が生まれた。その語が、人柄の明るさや、物事にこだわらないさまを意味するようになった。

つかのま……「つか」って何のこと？

「つかのま」は、ほんの短い時間を意味し、漢字では「束の間」と書く。「束」は古代の長さの単位で、手の指四本分の長さのこと。その語を時間の長さにも使うようになり、「ほんの指四本分ほどの時間」という意味から、短い時間を表すようになった。

御馳走……誰がどこを「走る」のか？

「御馳走」に「走」の字がつくのは、食事を用意する人が「馳走」（走り回ること）したから。人をもてなすには、おいしい食材を集めるなど、あちこち走り回る必要がある。そこから、豪勢な料理を「御馳走」というようになった。

あやふや……どこからきた言葉？

物事が確かでないさま。この言葉の語源は〝あやふや〟で諸説あるのだが、一説には、「あやし」の語幹に「ふやふや」の「ふや」がついてできた言葉だという。また、「危ぶむ」がなまったという説もある。

ひやかし……最初に吉原をひやかしたのは、どんな人たち？

「ひやかし」は、品物をあれこれ見るばかりで、買わないこと。江戸時代、吉原遊廓の周辺には、多くの紙すき職人が住んでいた。彼らの仕事は古紙の再生で、古い紙を溶かしては水につけて冷やしていた。冷えるまでには時間がかかるため、彼らは暇つぶしに吉原をぶらつき、遊女をからかったという。そこから、「ひやかし」という言葉が生まれた。

たちまち……これで、「すぐに」という意味になるのは？

またたく間に、すぐに。「立って待つ」間にも、事が終わるという意味。なお、「立待月」は陰暦十七日の月で、月の出の時刻が早く、立っている間にも出てくる月という意味。

めんめんと……これで、切れ目がないという意味になるのは？

「めんめんと」は「長くて切れ目がない」という意味で、「話がめんめんと続く」、「めんめんと受け継がれた伝統」などと使う言葉。漢字では「綿綿と」と書く。綿花から糸を長く紡ぐことから、「切れ目なく続く」という意味が生じた。

なにかと……漢字で書くと「何彼と」

「なにかと」は、「なにかと重宝している」など、「あれこれ」という意味で使う言葉。漢字で書くと「何彼と」で、この「彼」には「あれ」という意味がある。「何」と「彼」はセットで使われることが多く、漢字では、「なにもかも」は「何も彼も」、「なんやかや」は「何や彼や」と書く。

三角関係……この言葉を最初に使った人は？

一九世紀、『人形の家』で有名なノルウェーの戯曲家イプセンが、『ヘッダ・ガブラー』という戯曲で使ったことから、有名になった言葉。ただ、イプセンのオリジナルの言葉ではなく、もとはドイツの思想家リヒテンベルグの言葉だったとみられる。彼は「イタリアには至福の三角関係がある。それは夫・妻・情人で成り立っている」といったという。

ギザギザ……「外来語説」の真偽のほどは？

英語の「ギャザー（gather）」に由来するというのは俗説。文明開化の時代、硬貨の縁にいまでいう「ギザギザ」を付けることになったのだが、それを表現する言葉が当時の日本語にはなかった。そこで、英語で、ヒダを意味する「ギャザー」

を使い、それが、「ギザギザ」と変化して一般にも広まったというわけだが、実際は刻むの語幹「きざ」を重ねた言葉のようだ。

僕……どこからきた言葉？

「僕」と書いて「しもべ」とも読む。その字を一人称にした「僕《ぼく》」は、もとは自らをへり下って表現する言葉だった。幕末の志士、長州藩の高杉晋作は、この「僕」を頻繁に使ったと伝えられる。高杉の創設した奇兵隊は、武士、農民、猟師など、さまざまな階層の者から構成されていた。身分がバラバラな部隊の統一を図るため、身分が高い自分（高杉は上士出身）のことを「僕」と呼んだのだろう。

おふくろ……母親のことをこう呼ぶのは？

鎌倉時代、武家では、妻が家内のことを取り仕切り、一家の財産を入れた「袋」を管理していた。その袋を預かるところから、武家の主婦は「御袋様」と呼ばれていた。それが、室町時代、「おふくろ」と略され、母親を意味する言葉として庶民にも広まった。

いいなずけ……もとは、「忌名付け」か？

「いいなずけ」は、「いいなずく」という動詞の連用形で、両家の親の合意によって、幼いころから結婚の約束をした者同士を指す。いまは単に婚約者という意味でも使われている。この語のルーツは「忌名《いみな》」にあるとみられる。かつて女性は、夫以外には本名を明かさなかったことから、本名は「忌名」とも呼ばれていたのだ。

■仕事で使う言葉のルーツを知っていますか

打ち合せ……邦楽の〝お稽古〟から

邦楽・雅楽には指揮者がいないので、演奏者同士で事前に調子をよく合わせておかないと、本番でバラバラな演奏になってしまう。そこで、鼓を打って拍子を合わせる練習を「打ち合わせ」と呼び、そこから前相談をするという意味に転用された。

お開き……もともとは武士が使った言葉

動詞「開く」の連用形に、接頭語の「お」をつけた言葉。もともと武士が使った言葉で、「退却する」「退陣する」という意味で使われた。近世になってから「帰る」という意味が加わり、宴会や会合などを閉会するときに使われるようになった。

駆け引き……もとは戦場で使われた言葉

「駆け引き」も、戦場で使われた用語のひとつ。戦場では進むことを「かけ」、退却することを「ひき」といったため、これらを状況に応じて使い分けることを「駆け引き」と呼ぶようになった。商売や交渉の場で使われるようになったのは、江戸時代からのこと。

根回し……「根」を「回す」とは、どういう意味？

「根回し」とは本来、木の周辺を掘って根の一部を切り落とし、発達をうながす処理のこと。それが転じて、交渉や会議などの前に、あらかじめ手を打っておく下工作を指すようになった。

段取り……語源は、歌舞伎の楽屋用語

「段取り」はもともと歌舞伎の用語で、「段」は話の一区切りや一幕のことを指す。そこから、芝居の筋や構成などを「段取り」と呼び、転じて、物事を行うための準備や手順という意味で使われるようになった。

大詰め……江戸時代の歌舞伎用語がルーツ

歌舞伎の舞台で、狂言の最後の幕を「大詰め」といったことから。それが転じて、物事の最終的な場面や最後の段階を指して、「計画は大詰めを迎えた」などと使われるようになった。

打ち上げ……何をどう打ち上げるのか？

仕事が終わったあと、メンバーが集まり、かるく飲んだりすることを「打ち上げ」というが、これは、もとは「長唄」の言葉。曲中に太鼓を打って調子を高め、曲調に変化をつけることをいった。この太鼓を打って段落つけることが、長唄とは関係のない仕事にも使われるようになり、仕事に一段落をつけるという意味で一般にも広まった。

■なぜそういう「言い方」になったのだろう

相づち……鍛冶《かじ》がテンポよく刀を鍛えることから

「相づち」の「づち」とは、物を叩く槌のこと。鍛冶《かじ》が刀などを鍛えるときに、師と弟子が組んでリズミカルに槌を入れる様子を「相の槌」といったことから、相手の話に合わせてうなずくことを相づちというようになった。

帳消し……何を消すのか？

「帳消し」とは、帳面に記載しておく必要がなくなり、棒線で消すこと。そこから、金銭の貸借関係がなくなることを意味し、転じてある行為の結果、損得などの価値がなくなることを表すようになった。「棒引き」も同じ意味。

お辞儀……お辞儀の「辞儀」って何？

「辞儀」の語源をたどっていくと、「時宜」にいきつく。もともと「時宜」は、「物事を行うのにちょうどよい時機」を意味する言葉だったが、やがて「心配りをする」、「挨拶をする」という意味へと変わっていき、やがて漢字も「辞儀」へと変化した。

当たり前……なぜ「後」ではなく、「前」なのか？

「当たり前」の語源には諸説あるが、「当然」の当て字である「当前」を訓読みにして生まれたという説が有力。ほかには、分配されるはずの一人分の配当を「当たり前」といったという説もある。

瓜二つ……瓜が出てくる理由は？

「瓜二つ」は、そっくりであることを意味する言葉。瓜を二つに割ると、それぞれそっくりの形をしていることに由来する。他の野菜も二つに割れば、たいていは〝瓜二つ〟になるわけだが、この語に瓜が選ばれたのは、語呂がよかったからだろう。

大丈夫……もとは立派な男性を指す言葉

「大丈夫」の「丈夫」は、成人した男性のことを指す言葉。そこから堂々とした立派な男性を「大丈夫」といったが、転じて強くしっかりとしていて、確かな様子について使われるようになった。現在では、必要か不必要かなどといったことについて返答に使う用例が増えている。「お送りいたしましょうか」「いいえ、大丈夫です」など。

骨のある……なぜ肉ではなく、「骨」なのか？

骨の多い魚や鳥の料理は、たやすくは食べることができない。そこから「たやすく人に従わない」という意味合いが生まれ、容易には屈しない強い気性を持っている人に対し、用いるようになった。

したり顔……「したり」は、してやったり

「したり」は、古語の動詞「す」の連用形に完了の助動詞「たり」がついたもので、「してやったり」という意味。そこから、物事がうまくいったときの得意そうな顔を「したり顔」というようになった。

茶番劇……もともと、どんな芝居のこと？

江戸時代の「茶番狂言」に由来する言葉。茶番狂言は、大部屋の役者らが、手近な品を使って、主役級の役者を真似て演じた寸劇。もとは楽屋裏の余興だったが、後に一般にも見せるようになった。ただ、それでも「茶番狂言」はしょせんはた

わいもない寸劇だったところから、見え透いた芝居、すぐに底の割れるような振る舞いを「茶番劇」というようになった。

火の車……なぜ「車」が燃えているのか？

経済状態がきわめて厳しく、貧しいさまをたとえていう言葉。生前に悪事を働いた者が、火車《かしゃ》に乗せられ地獄に運ばれることから。この仏教語である「火車」を訓読みして「家計が火の車である」などと使われるようになった。

誘い水……もともと、どんな「水」のこと？

井戸水を汲み上げるポンプに、空気が入ったりしてしまい、うまく動かなくなると、ポンプの中に水を入れることがある。それが「誘い水」であり、その働きによって、ポンプは再び動くようになる。そこから、相手の言葉を引き出したいようなときなど、そのきっかけとなる言葉や行動のことを「誘い水」というようになった。

徒花《あだばな》……どんな「花」のこと？

植物の世界には、実を結ばない花もある。そんな花のことを「徒花」と呼び、比喩的に外見は華やかだが、実りがないことを「徒花」というようになった。「時代の徒花」、「一時の徒花に終わる」などと使い、実質を伴わないこと、後には何も残らないことを意味する。

■どういう「様子」か説明できますか①

ふんだん……どれぐらいの量？

とだえなく続くことを意味する漢語の「不断」が、音変化して生まれた言葉。物事が絶え間なく続くという意味から転じて、あり余るほど多くあるさま、物があり余っているさまをいうようになった。

ないがしろ……何が「ない」のか？

「無きが代《しろ》」が音変化した言葉。「代」は「酒代《さかしろ》」などと同様、ある物の代わりにする品やお金のこと。「ないがしろ」は、「それに相応するものがない」、「ないに等しい」という意味から、人を無視する、軽んじるという意味で使われるようになった。

あかぬけ……「ぬける」のは、どんなもの？

漢字で書くと「垢抜け」。「垢」が取れてさっぱりすることから、田舎臭さや素人臭さがなく、洗練されているさまに用いるようになった。また植物の「アク」を抜くと、渋みが取れ、さっぱりした味になることから、「アクを抜く」に由来するという説もある。

あべこべ……いつ頃できた言葉？

もとは「彼辺此辺」あるいは「彼方此方」と書き、そこから物事の位置や順序などが逆であるさまをいうようになった。江戸時代後期の『浮世風呂』に「あべこべ」という記述があり、江戸時代半ばにできた語とされる。

やにわに……「場所」を意味する言葉だった

漢字では「矢庭に」と書き、「矢庭」は矢を射る場所や矢の飛んでくる場所のこと。矢が飛び交う戦場では、瞬時に行動することが求められるため、「その場ですぐ」「いきなり」といった意味で使われるようになった。

あこぎ……もとは地名だった

禁漁区である伊勢の阿漕《あこぎ》が浦で、漁を頻繁に行う漁師がいたという伝説から生まれた語。たび重なるという意味だったが、転じてしつこく図々しいこと、強欲でやり口が汚いことを指すようになった。

あっぱれ……天晴れと書いても、天気とは関係ない

漢字で「天晴れ」と書くが、天とも天気とも関係なく、「哀れ」が音変化した語だという。「哀れ」は現在は悲哀の感情を指すが、もとは喜怒哀楽すべての感情を指し、このうちのプラスの感情が残って、「天晴れ」は見事なさまを表すようになった。

あっけらかん……どんな様子を指している？

「あんけらかん」が音変化したもの。口を大きく開け、ぼんやりするさまを「あんけ」と言い、これに状態を示す「ら」と、接尾語の「かん」がついた言葉。後に意味が転じて、物事を気にせず、平気でいるさまを指して「あっけらかん」というようになった。

あたふた……何を略した言葉？

「慌てふためく」の意味で使われるが、もともとの語源も「慌てふためく」。「ふためく」は、バタバタと音をたてて騒ぐという意味。その後半を略して「ふた」とし、これに「慌て」を音変化させた「あた」をつけて副詞化した語。

どういう「様子」か説明できますか②

ありきたり……なぜ、ありふれているの？

漢字で書くと「在り来たり」。漢字が示すように、「もとから在り続けてきたこと」「いままでどおりであること」が、もともとの意味。転じて、「ありふれているさま」、「珍しくないこと」を意味するようになった。

いなせ……どんな人を指す言葉？

「イナ」は魚のボラの幼魚。寛政年間、魚河岸で働く若者の間ではやった髪形を、イナの背に似ていることから「イナセ銀杏《いちょう》」と呼んだ。やがて魚河岸で働く若者のように男気があり、粋なさまを「いなせ」というようになった。

おおわらわ……なぜ一生懸命になる意味に？

「大童」と書き、もとは戦場で武士が奮戦するさまを指した言葉。兜を脱ぎ、髷の結びがほどけてしまって乱れた髪が、子どもの髪形に似ていることから生まれた。そこから転じて、物事を夢中で行うさま、一生懸命になるさまをいうようになった。

がさつ……ガサガサするから、ガサつ？

語源は諸説あり、「厳しく詮索する」の意の「苛察《かさつ》」が変化した、あるいは、口達者なさまを指す「江帥《こうそつ》」が変化したなどといわれる。また、擬音語のガサガサの「ガサ」に、「いかつい」を意味する「いかつ」の「つ」をつけて、言動が荒々しいさまを表現したという説もある。

こましゃくれる……なぜ子どもに用いる？

「こまっしゃくれる」、「こまっちゃくれる」ともいうが、もとは「こまさくれる」。「こま」は「細」で小さいの意。「さくれる」は利口ぶって生意気なさまの意の平安時代の言葉「さくじる」の転訛。両者を合わせて、子どものくせに、動作やしゃべり方が大人びて生意気な子どもを指すようになった。

かろうじて……もとは味覚を意味した

漢字では「辛うじて」と書き、「辛くして」が音変化した語。もとは塩が辛いことに用いたが、転じて心情的につらい思い、困難を克服するさまにも使い、「やっとのことで」、「どうにか」という意味を持つようになった。

がむしゃら……「我」がどんな状態になっているのか？

漢字では「我武者羅」と書き、このうち「がむしゃ」は「我貪り《がむさぼ》」、または「我無性《がむしょう》」の転訛とみられ、「武者」は当て字。これに接尾語「ら」をつけ、後先を考えず、夢中になって行動するさまを表すようになった。

ちやほや……どんなふうに可愛がること？

「蝶よ花よと可愛がる」の「蝶よ花よ」がつまって、「ちやほや」となった。古くは相手の機嫌をとるさまを「花よ蝶よ」といったが、江戸時代頃から「蝶よ花よ」というようになり、「ちやほや」という言葉が生まれた。

しゃにむに……どこから来た言葉？

漢字で「遮二無二」と書くと仏教用語のようだが、じつは当て字で、日本語から生まれた言葉。一説に「斜に構える」の「しゃに」に、「無理に」を略した「むに」をくっつけ、「なりふり構わず」、「がむしゃらに」という意味にしたという。

■〝ふだんづかい〟の日本語こそ、ルーツを知ろう

ひょんなこと……「ひょん」って何？

「ひょん」は、宿り木（寄生木）のこと。宿り木は古くは、「ホヨ」、「ホヤ」といい、不思議な力を宿しているとされた。そこから、「ホヨ」に「思いがけない」

の意味が生まれ、「ひょん」に変わっていったとみられる。

ぞんざい……どんな態度のこと？

いい加減なさまを表す言葉だが、語源をめぐる定説はなく、一説には同じ意味の「粗雑《そざつ》」が転訛したといわれる。また「存在のまま」を略したともいわれ、「在るがままにしておく」という意味が転じて、現在の意味になったとも考えられる。

いびつ……もとはお米と関係する言葉

「いびつ」とは、もとは「飯櫃」のこと。昔は、釜で炊いたご飯を竹で編んだ飯櫃に移していた。その飯櫃の形が楕円の小判形だったところから、円形の歪んだものを「いびつ」というようになった。そこから、形が整わず、歪んだもの全般を「いびつ」というようになった。

うやむや……どんな漢字を当てる？

あるのかないのか、はっきりしないことを漢文調でいうと、「有り耶《や》無し耶《や》」となる。これの漢字だけを残すと「有耶無耶」となり、さらに平仮名にすると「うやむや」となり、曖昧なさまをいうようになった。

なあなあ……歌舞伎に由来する語

歌舞伎には、役者が「〜なあ」と相手に呼びかけると、相手は表情をつくったのち、「〜なあ」と呼び返す場面がある。一説には、その腹芸的なやりとりから、適当に折り合いをつける意味が生まれたという。

こつ……漢字で書くと?

物事を行うときの勘どころを「こつ」や「コツ」と表記するが、漢字では「骨」と書く。人体にあって、骨は中心にあって重要な部分であるところから、「骨」に中心で重要という意味が生まれ、いまの意味になった。

ことごとく……漢字でどう書いた?

「すべて」、「あるもの全部」を意味する「ことごと(悉)」に、接尾語「く」をつけたもの。「ことごと」は本来、「事」を二つ重ねた言葉。「ことごとく」で、「残らず」、「問題になっているもの全部」という意味。

あてずっぽう……なぜ「ずっぽう」というのか？

「あてずっぽう」の語源は、「根拠なく推し量る」という意味の「当て推量」にある。それが略されて「アテズイ」となり、さらに擬人化されて「アテズイ坊」と変化し、「あてずっぽう」となった。

■「食べ物」から生まれた言葉の謎

芋づる式……芋のつるがどうなるのか？

サツマイモやヤマノイモのつるは、長くつながっていて、つるをたぐると、芋が次々と出てくる。そのさまを一般の世界に当てはめて、多くの出来事が関連して続くことを意味するようになった。

手前味噌《てまえみそ》……どんな味噌？

「手前」は、自分ですること、自前。「手前味噌」は、自分の家でつくった味噌のこと。昔はそれぞれの家で味噌をつくっていて、自家製の味噌の味を自慢していた。そこから、自分のことを自分で褒めるという意味になった。

糠喜《ぬかよろこ》び……「糠」はどんな意味？

「糠」は、精米する際、果皮や種皮などが砕けて粉になったもの。その細かさから「ちっぽけな」、「はかない」という意味が生まれ、「糠喜び」で、「むなしい喜び」、つまり「あとでがっくりするような一時的な喜び」を意味するようになった。

お膳立て……お膳の上で何をした？

もとは、お膳の上に食器や料理を並べること。その準備万端ぶりから、すぐに取りかかれるように準備をしておくことをいうようになった。

■「動物」「植物」から生まれた言葉の謎

とどのつまり……海獣の「とど」ではない

「とど」は、魚のボラ。出世魚のボラは成長とともに、オボコ→スバシリ→イナ→ボラ→トドと名前が変わる。途中でどう呼ばれようと、最後はトドになることから、「あれこれやってみても、結局は」という意味で使われるようになった。

虎の巻……何が書かれている？

中国の周時代の兵法書『六韜《りくとう》』の一つ、「虎韜《ことう》」の巻から生まれた語。戦略・用兵の奥義が書かれていることから、兵法の秘伝書を意味するようになり、転じて、さまざまな分野の秘事・秘伝を記した書、教科書の解説書などを指すようになった。

イタチごっこ……どんな遊びのこと？

もとは子どもの遊びで、「イタチごっこ、ネズミごっこ」と唱えながら、互いの手の甲をつねり、自分の手を相手の手に重ねていく遊戯。際限なく続くことから、お互いに同じことを繰り返し、決着がつかないことを指すようになった。

■言われてみれば、確かに気になる

お払い箱……何を入れる箱か？

もとは「御祓箱」と書き、伊勢の御師《おし》によって、毎年諸国の信者に配られる御札を入れておく箱のこと。新しいお札が来ると、古いお札は不要になるため、「祓い」と「払い」をかけて、不要になったものを捨てるという意味になった。

こけら落とし……「こけら」とは何のこと？

「こけら」は「柿」（カキではない）と書いて、材木を削ったときにできる木の細片。工事の最後には、屋根などにちらばったこけらをすべて払い落とし、建物のオープンに備えた。そこから、劇場の新築後の初興行をいうようになった。

皮切り……お灸から生まれた言葉だった

もとは、最初にすえる灸を指した。皮膚が切られると思うくらい痛いため、「皮切り」と呼ばれるようになったが、しだいに「最初に」という意味合いが強くなり、いまの意味になった。

差し金……大工道具に由来する言葉ではない

陰で人に指図して操ることをいうが、大工道具の差し金には由来しない。由来するのは、人形浄瑠璃で使う差し金。人形の腕や手首、指を動かすために用いる細長い鉄棒で、転じて、いまの意味になった。

捨て石……どんな石を捨てる？

この「石」は囲碁で使う碁石のことで、「捨て石」は、自分を有利にするために、わざと相手に取らせる石のこと。それが一般世界にも広がり、大きな目的のために、小事を犠牲にするという意味となった。

切り札……トランプの必殺の札のことだった

神社のお札とは何の関係もなく、トランプの世界から生まれた言葉。他のすべての札を打ち負かす力を与えられた札のこと。そこから、とっておきの最有力手段をいうようになった。

折り紙付き……折り紙の鶴がついているわけではない

「折り紙」とは、奉書紙《ほうしょがみ》を横半分に折った文書。贈呈品の目録に使っていたが、江戸時代には鑑定書にも使われるようになった。そこから「折り紙付き」で、「間違いないと保証できること」という意味になった。

お墨付き……誰が墨を付ける？

もとは、将軍や戦国大名らが黒印を押した文書、あるいは墨で署名した文書のこと。臣下の領地を確認するための文書であり、これにより臣下は領地問題に安心することができた。そこから、権力者や権威の許諾を意味するようになった。

おはこ……どんな箱？

漢字では「十八番」と書き、歌舞伎から生まれた語。七代目市川団十郎が市川家の得意芸を「歌舞伎十八番」として公表した。市川家ではこの「十八番」の台本を箱に入れていたので、そこから得意芸を「おはこ」というようになった。

お裾《すそ》分《わ》け……裾を分けるわけでもないのに、裾とはいかに？

裾は、着物の末端にあり、重要な部位ではない。そこから「僅少」という意味合いが生まれた。さらに品物を僅少ながら下の者に分け与えることを「裾分け」というようになり、これに「お」がつき、丁寧な言い方に変わっていった。

付け焼き刃……何を付け足したの？

もとは切れ味の鈍くなった刀に、鋼《はがね》（刃金）の焼き刃を付け足したものを指した。一時的には切れ味を増すが、すぐに鈍《なま》ってしまうところから、一時の間に合わせに、にわか覚えに仕込んだ知識や技術をいうようになった。

濡れ衣……なぜ「濡れた衣」なのか？

身に覚えのない罪をたとえて「濡れ衣」というが、その語源をめぐっては諸説ある。濡れた衣が早く乾けば無罪、乾かなければ有罪とする裁判がかつて存在したという説、男性用の濡れた衣が誤解を生み、そのせいで女性が殺されたとする説などがある。

思う壺……どんな壺のことなのか？

「思う壺」の「壺」は、博打でさいころを入れて振る道具の壺を指す。熟練した壺振りの手にかかると、思いどおりの目が出せることから、意図したとおりに事が運ぶさまを「思う壺」というようになった。

太刀打《たちう》ち……正面から刀で打ち合うという意味

「太刀打ち」とは、文字通り太刀で打ち合って戦うという意味。それが転じて、まともに張り合って競争することを意味するようになった。おもに「若さには太刀打ちできない」のように、打ち消し語を伴って使われる。

どんぶり勘定……丼鉢のことではない

「どんぶり勘定」の「どんぶり」は、腹掛けの前にあるポケットのこと。昔、職人が、このポケットからお金を無造作に出し入れしたことから、細かな計算をせずに金銭を扱うことを意味するようになった。丼鉢とは無関係。

ふがいない……何がないのか？

「ふがいない」を漢字で書くと「腑甲斐無い」。「腑」は「はらわた」のことで、それに「甲斐がない」ことから、肝が据わっていない↓頼りないという意味になった。ただ、別の語源説もあって、「ふがいない」は、「いふかひなし（言う甲斐なし)」を略した言葉という説もある。

■あまりに身近だからこそ知っておきたい

案の定……文字通りの語源

「案の定」の「案」には「思う」、「定」には「～のとおり」という意味がある。そこから、予想していたとおりに事が運ぶことを「案の定」というようになった。近世から使われた用語で、「案の如く」も同じ意味。

毛嫌い……この「毛」は何の毛?

「毛嫌い」の毛は、人間の毛ではなく、馬の毛のこと。馬を人為的に交配させる際、ときどき〝相手〟が気に入らない馬もいる。そういうとき、昔の人は「毛色が気に入らないのだろう」と考え、そこから「毛嫌い」という言葉が生まれた。

奥の手……なぜ、「奥」なのか？

「奥」には、「深い」という意味があり、芸や学問の奥義も意味する。この「手」は手段のことであり、「奥の手」は「とっておきの手段」をいう。また古代では、右より左を尊んだため、左手のことを「奥の手」ともいった。

お足……足とお金の関係は？

お金のことで、もとはお金を意味する女房詞《ことば》。昔、お金のことを「要脚《ようきゃく》」といい、これが「脚《あし》」に変わったとされる。あるいは、銭がまるで足がついているかのように往来するところから生まれたともいわれる。

切り口上……歌舞伎役者の挨拶から

「切り口上」とは、形式的で無愛想、型にはまった堅苦しい口調のこと。歌舞伎役者が一日の演目が終わるときに「まず今日はこれぎり」と述べることを「切り口上」といい、そこから「一節一節をはっきり述べること」の意味に。

草分け……分けた先にあるものは？

もとは、草を分けながら進むさまを指す言葉。そこから、荒れた土地の草を分けながら進み、未開の土地を開拓して、村や町にすること、またはその人を意味するようになり、さらに、ある分野で新しい物事を行うこと、またはその創始者を指すようになった。

■よく耳にする「数字」が入った表現

三枚目……なぜ「三」枚目なのか？

江戸時代の歌舞伎の顔見世興行で、人を笑わせる道化方は、看板や番付の三番目に名前が書かれたことから。そこから転じて、映画や芝居などで滑稽な役をする俳優のことを「三枚目」と呼ぶようになった。ちなみに一枚目は主役、二枚目には美男役の俳優の名前が記された。

青二才……なぜ「二才」なのか？

経験の浅い年若い男を「青二才」とよぶが、この「二才」は人間の年齢ではなく、生後二年目の出世魚を指す。この稚魚の呼び方に、未成熟を意味する「青」がついて「青二才」という言葉が生まれた。ののしりや、謙遜の意味で使われる。

紅一点……女性を意味するようになったのは近年から

「一面緑の中に紅の花が一輪ある」とうたった中国の王安石の漢詩から。そこから「同じようなものがたくさんあるなかで、ひとつだけ目立つものがある」という意味になり、さらに「多くの男性の中に、一人だけ女性が混じっている」ことを意味するようになった。

二の舞……雅楽の舞から生まれた言葉

雅楽のひとつである「案摩」の答舞に由来する言葉。案摩の舞のあとに、二人の舞人がわざと滑稽に舞ったことから、「人の真似をすること」や「前の人の失敗を繰り返すこと」を意味するようになった。

一辺倒……なぜ「一辺」に「倒れる」のか？

中国宋代の儒者の言葉「一辺を救ひ得れば、一辺に倒了す」が語源。「知識人がひとつの考えに熱中するあまり、ほかの考えを退ける」という意味で使われた。それが第二次世界大戦後、毛沢東の論文で引用されたことから、広く一般的に使われるようになった。

3　語源でたどる「お決まり表現」

自信を持って「慣用句」を使えますか①

算を乱す……「算」って何のこと？

この「算」は、和算で用いる「算木《さんぎ》」という計算用具のこと。あるいは、易で使う棒も算木と呼ぶ。これらの算木を乱すと、ちりぢりばらばらになってしまうことから、ちりぢりになる、ばらばらになることを「算を乱す」というようになった。

有卦《うけ》に入《い》る……ギャグが受けるという意味ではない

「有卦に入る」は、幸運にめぐりあって、調子が上向くという意味。陰陽道《おんみょうどう》で、七年間は吉事が続くという年回りのことを「有卦」ということから。「笑いを取る」という意味はないことに注意。また「ウケにはいる」ではなく、「ウケにいる」

る」と読むのが正しい。

百曼茶羅《ひゃくまんだら》を並べる……「百曼茶羅」とは何か？

「百曼茶羅を並べる」とは、同じことを繰り返し何度もいうこと。「百曼茶羅」とは、仏教の教えを凝縮させた呪文「陀羅尼」を、百万遍繰り返すという意味。そこから、同じことを繰り返していうという意味で使われるようになった。

油が切れる……この「油」は、何の油？

「油が切れる」というと、燃料切れの車をイメージする人もいるだろうが、この言葉は人類がガソリンを使いはじめる前からあった。この「油」は、本来は動物性の「脂」のことで、栄養不足で「脂」が切れてしまい、動けなくなることをいった。

芝居がはねる……何が「はねる」のか？

「芝居が終わる」ことを「芝居がはねる」というが、このとき、はねるのは「筵《むしろ》」

である。昔の芝居小屋には、周囲を筵で囲っただけの小屋もあった。そして、芝居が終わると、周りの筵をはねあげて、観客を外へ出したのである。そうしたことから、芝居が終わることを「はねる」というようになった。

げんをかつぐ……「げん」とは何か？

「縁起をかつぐ」の「縁起」という言葉が逆さになって「ぎえん」、それが音韻変化して「げん」となったという説が有力。

先鞭《せんべん》をつける……人より先に鞭を打つということは？

古代中国の東晋の武将が、「自分よりも先に、ライバルが馬に鞭打って功名をあげないか」と心配したという故事に由来。そこから、人より先に物事に手をつける、先駆けをするという意味で使われるようになった。

蜘蛛《くも》の子を散らす……なぜ蜘蛛が出てくる？

蜘蛛の卵は、蜘蛛の糸の袋に包まれている。その袋の中で卵がかえると、子蜘蛛が袋の中からわらわらと出てくる。その様子から、大勢の者がバラバラに逃げ出すさまを「蜘蛛の子を散らす」というようになった。

お鉢が回る……この「鉢」は、何を入れる鉢?

この「お鉢」は、炊いた飯を入れる飯櫃のこと。大勢で食事をしていると、ご飯をお代わりしたくても、自分のところに飯櫃が回ってこないことがある。そんなことから、自分の番がくることを飯櫃が回ってくることにたとえて、「お鉢が回る」というようになった。

ご注進におよぶ……もとは、どうすること?

「注」は書くこと、「進」は上に報告することで、「注進」はもとは上司への報告、報告文書を意味した。江戸時代、歌舞伎で、戦さなどの様子を報告する者が「ご注進、ご注進」と駆け込んでくる場面があり、そこから一般に広まった。やがて「告げ口する」、「密告する」といったネガティブな意味が生じ、「ご注進に及ぶ」と使うようになった。

お株を奪う……「お株」って何のこと?

「お株を奪う」の「株」は、近世には、お上から許された特権や地位、家業などを意味した。そこから転じて、「お株を奪う」で、ある人が得意とすることを他の人が取って代わることを意味するようになった。

水を向ける……何のために水を向けたのか?

巫女《みこ》が茶碗に水を入れ、生霊や死霊を呼び出すことを「水向け」という。「水を向ける」はそこから派生した言葉で、自分の思うように相手の関心をひくことを意味するようになった。「それとなく水を向ける」などと使う。

手ぐすねを引く……「手ぐすね」とは何か?

「手ぐすね」の「くすね」とは、松ヤニと油を混ぜて作った接着剤のこと。弓の弦《つる》がすべらないようにくすねを塗って準備することを「手ぐすねを引く」といい、そこから転じて、十分準備をして機会を待つことをいうようになった。

啖呵《たんか》を切る……もとは病気の名前だった

「啖呵を切る」の「啖呵」はもともと、「啖火」と書いた。「啖火」は痰が激しく出る病気で、この痰火が治ると胸がすっきりすることから、胸のすくような歯切れのよい口調でまくしたてることを指すようになった。テキ屋などが使った隠語が語源。

踏鞴《たたら》を踏む……「踏鞴」とは何か？

「踏鞴を踏む」とは、目標が外れて勢い余ってよろけること。「踏鞴」は、足で踏んで空気を送る「ふいご」のことで、この送風器を勢いよく踏む様子が、空足《からあし》を踏んで二、三歩前に出るさまに似ているところから。

けりをつける……「けり」って何？

「けりをつける」の「けり」の語源は、古文にあるという説が有力。古文では、助動詞「けり」で文章を締めくくる場合が多いことから、転じて、「物事をしめくくる」、「結末をつける」という意味になった。

下駄を預ける……なぜ預けるのは「下駄」なのか？

「下駄を預ける」は、自分に関する面倒なことや責任を、全面的に人に任せてしまうこと。下駄を他人に預けてしまうと、その場から動けなくなり、自分では何もできなくなることから。

釘を刺す……なぜ「釘」を刺すのか？

あとになって問題が起きないように、念を押したり固く約束することを「釘を刺す」、「釘を打つ」という。江戸時代の中頃から、木材に切り込みを入れて組み合わせる方法だけでなく、念のために釘を打ったことから、この言葉が生まれた。

正面を切る……なぜ「正面」を「切る」のか？

「正面を向いて見得を切る」という意味の歌舞伎用語からくるという説が有力。そこから「正面を切る」という言い回しが生まれ、正々堂々と遠慮なしに行動する様子を表すようになった。

左うちわで暮らす……なぜ「団扇」が「左」なのか？

利き手でない方の手で団扇をゆったりと使うように、余裕がある状態を表す言葉。転じて、必死になって働くことなく、のんびりと暮らすという意味になった。右利きの方が多いことを前提として生まれた言葉といえる。

買って出る……花札から生まれた言葉

「買って出る」の語源は、花札の遊び方にある。花札を使った賭博に、四人目以降が参加するには、金を払って出場の権利を買わなければならないものがあった。それが転じて、横合いから乗り出すこと、自分から進んで引き受けることを「買って出る」というようになった。

斜《しゃ》に構える……剣術から出た言葉

剣術では、刀を少し斜めに構えるのが基本。相手に対してしっかり身構えるためで、それが本来の「斜に構える」だった。それがいつしか、物事を正面から見ないで、皮肉やからかいの目で見るという意味になった。

後釜に座る……どんな釜のこと？

もともと「後釜」とは、竈《かまど》に残り火があるとき、次の釜をかけることをいった。あらためて火をおこす手間が必要ないことから、皮肉をこめて、前任者の地位や功績を引き継ぐ後任者を指すようになった。

だしに使う……「だし」とは、何のこと？

この「だし」は、かつお出汁やコンブ出汁などの「出汁」。かつお節やコンブは、出汁のうまみが出たところで、用済みとなる。そこから、方便や口実に利用することを「出汁に使う」というようになった。

白羽《しらは》の矢が立つ……生贄《いけにえ》を求める神が放つ矢から

多くの人の中から、特別に選び出されることを「白羽の矢が立つ」という。人身御供《ひとみごくう》を求める神が、少女の家の屋根に白羽の矢を立てたという伝説から。最近では「白羽の矢が当たる」という表現もみられるようになったが、これは誤り。

自信を持って「慣用句」を使えますか②

めりはりがきく……語源は邦楽用語

「めりはり」は漢字で「減り張り」と書き、語源は邦楽の用語にある。邦楽では、基本の調子より低く下げることを「減《め》り」といい、高い音で演奏することを「張り」ということから、物事の強弱などがはっきりしている様子を指す言葉になった。

板につく……どんな「板」につく？

「板につく」の板とは、板張りの舞台を意味する舞台用語。その舞台に役者の芸が調和することを「板につく」といい、そこから転じて、人が経験を積み、動作や服装などが職業や地位などにしっくり合うことを意味するようになった。

壺《つぼ》にはまる……口の狭い壺にはまる様子から

「壺にはまる」とは、こちらの思ったとおりに事が進むさまを表す言葉。口の部分の狭い壺にすっぽりとはまるように、要点や急所を的確に押さえてはずさないことを意味する。

鎬《しのぎ》を削る……激しく刀をぶつける様子から

「鎬」は、刀身の中間にある少し盛り上がった部分を指す言葉。その鎬が削れるぐらい、激しく刀で切り合うことから転じて、熾烈《しれつ》な争いをくりひろげることを「鎬を削る」というようになった。「凌ぎを削る」と書くのは誤り。

お茶を挽《ひ》く……なぜ、挽くのか?

昔、遊里で客がつかず暇な遊女は、お客に出すお茶を茶臼で挽かされていた。そこから、芸者や遊女に客がなく、暇なさまをいうようになり、転じて、商売が暇なことを指すようになった。

馬《ば》脚《きゃく》をあらわす……あらわすのは、どんな人？

「馬脚」は、芝居で馬の脚を演じる役者のこと。馬脚が芝居中、うっかり姿を見せるという意から、隠していた正体をあらわすことをいうようになった。

とうが立つ……「とう」が立つと、どうなる？

この「とう」は「薹」と書き、アブラナやフキなどの花軸や花茎のこと。野菜などの花茎が成長しすぎて固くなり、食べ頃を過ぎることを「薹が立つ」といい、転じて年をとって盛りが過ぎることを指すようになった。

やまをはる……なぜ、「山」が出てくる？

かつて、鉱山開発を試みる人たちは「山師」と呼ばれた。鉱山採掘が当たりはずれの大きい事業であるところから、後に鉱山以外でも、投機的事業で金儲けを企む人を「山師」というようになった。そこから、勘や思いつきで行動することを

「やまをはる」というようになり、それが試験問題を予測することなどにも使われるようになった。

三拍子《さんびょうし》そろう……もともと何が「三つ」そろったのか？

邦楽で、三種類の楽器の組み合わせを「三拍子」という。「三拍子そろう」とは、もともとそれらの拍子がぴたりとそろうことをいったが、後に「三つの大切な条件がそろう」という意味で使われるようになった。

糠味噌が腐る……変な声と糠味噌の関係は？

昔は、糠味噌の桶にふたをしていなかった。新鮮な空気に触れさせておくためだったが、ふたをしていないため、風が吹くと、ゴミやチリなどが桶の中に入ってしまうことがあった。そこで、風が吹きはじめたことに気づいた人は、周囲に大声で知らせた。その大声の連想から、「下手な歌うと、糠味噌が腐る」というようになった。

左褄《ひだりづま》をとる……これで、芸者になるという意味になるのは？

「左褄」は着物の左の端のことで、江戸後期の芸妓は、褄を左手で持って歩いたことから、「左褄をとる」が芸者になることの代名詞になった。

■「感心できない行動」をあらわす言葉

図に乗る……もとは、お経をあげるときに使われた言葉

「図に乗る」とは、もともと仏教の声明《しょうみょう》における転調を指した。経文を朗唱するとき、うまく調子を変えられると「図に乗った」といったことから、転じて「思いどおりになって調子に乗る」、「つけあがる」という意味が生まれた。

因縁をつける……「因縁」とは何か？

「因縁をつける」とは、もとは、無関係に思えることに因果関係をみとめることをいう仏教語。後に意味が転じて、わざと理由をつくって、相手をこまらせること、ゆすりやたかりを働くことに変化した。

高《たか》を括《くく》る……「高」とは何か？

「高を括る」の「高」とは、数量や金額を見積もったときの総額のこと。その高を括ってまとめることから、転じて「せいぜいその程度だろうと予測する」、「みくびって侮る」ことを意味するようになった。

管《くだ》を巻く……なぜ「管」が出てくる？

「管を巻く」の「管」とは、糸をつむぐときに使う小さな軸のこと。これを糸巻きに差して糸をまくとブウブウと単調な音を立て、酒に酔った人が不平などをくどくどという様子に似ていることから、この言葉が生まれた。

御《ご》託《たく》をならべる……もとは、ありがたい神のお告げだった

「御託」は、神のお告げである「御託宣」の「宣」を省略したもの。もとはありがたい神の仰《おお》せを指したが、やがて「長々とつまらないことをいう」という意味が強まり、「自分勝手な言い分を偉そうにいう」という意味になった。「御託をあげる」も同じ意味。

上前をはねる……なぜ「上前」というのか？

「上前」とは、売買の仲介者が取る、賃金や代金などの一部のこと。年貢米である「上米《うわまい》」が変化して「上前」となったため、「上米をはねる」ともいう。「上前をとる」、「頭をはねる」も同じ意味。

かまをかける……なぜ「鎌」を使うのか？

「かまをかける」とは、「相手に本音を白状させるために、言葉巧みにたずねる」という意味。草などを刈るときに、鎌の先でひっかけることからくるという説が有力。ほかにも、相撲の技の一つを指す「かまをかける」が転じたという説もある。

半畳《はんじょう》を入れる……最初に入れられた場所は？

「半畳を入れる」は、他人の言動を冷やかしたり、からかったりすること。この「半畳」は、昔の芝居小屋で観客が使ったござのことで、役者の演技が気に入らないとき、観客がこの半畳を舞台に投げ入れたことから。

はめをはずす……「はめ」とは何を指しているのか？

「はめをはずす」の「はめ」は、荒馬の口にかませておく縄の「馬銜《はみ》」のこと。この馬銜を外してしまうと、人を乗せたことのない馬は走り回って手がつけられなくなることから、度を超して騒ぐことを意味するようになった。

油を売る……なぜ売るのは「油」なのか？

無駄話をして時間をつぶし、仕事をさぼることを「油を売る」という。昔、油を売る行商人が、客と世間話をしながら、油をゆっくりと移し変えて商売をしたことから。

めくじらを立てる……「めくじら」って、どこのこと？

「めくじら」は「目尻」、「めくじらを立てる」は目尻をつり上げることを意味する。そこから、相手のわずかな欠点や失敗を責め立てるという意味になったという。その一方、えぐるように穴をあけることを「くじる」といい、そこから目の切れ目を「くじり」と呼び、「めくじら」となったという説もある。

片棒《かたぼう》をかつぐ……「片棒」って何の棒？

「片棒をかつぐ」の「棒」は、駕籠《かご》の前後に通した棒のこと。二人で担ぐ棒の一方をになうことから、ある計画に加わって協力することを意味するようになった。「悪事の片棒をかつぐ」などと、よからぬ計画・行為に対して使うことが多い。

尻馬に乗る……「馬の尻」に乗るとは、どういう意味か？

「尻馬に乗る」は、他人の言動に便乗して、調子に乗って騒ぐこと。他人が手綱《たづな》をとる馬の尻に乗って、人任せにしているという意味から出た言葉。

どじを踏む……「どじ」って、どんなもの？

「どじを踏む」の語源にはいくつかの説がある。たとえば、江戸時代、土俵から出ることを「土地《とち》を踏む」といい、やがてその「とち」が「どじ」に変化した。意味も広がって、へまや失敗することを指すようになった。あるいは、「鈍い」、「遅い」を組み合わせた「鈍遅」や「とちる」を語源とする説もある。

■ちょっと困ったことになりました……

つじつまが合わない……着物に関する用語から

「辻褄」の「辻」は、裁縫で縫い目が十文字に合う部分、「褄」は着物の裾の左右が合うところを指す。辻も褄もぴったりと合っていないと、着物の着付けがうまくいかないことから、「辻褄が合う」という表現が生まれた。

埒《らち》があかない……「埒」とは何か？

「埒」は、しきりや低い垣のことを指し、その障害物が取り除かれることを「埒があく」といった。現在では「埒があく」というよりも、うまくいかないことを指して「埒があかない」ということが多い。

おくらになる……「蔵」に仕舞うこととの関係は？

「おくらになる」は、予定していた映画や芝居の上演が中止になるときに使われる言葉。「御蔵に入れる」から生まれたとするのが一般的だが、予定が変更されると興行的に困ることから、「楽」を逆から読んで「くら」とし、「おくら」という言葉になったという説もある。

焼きが回る……何を「焼く」のか？

能力や勢いが衰え、腕前が落ちたり、役に立たなくなることを「焼きが回る」という。刃物を焼いて鍛えると切れ味がよくなるが、火が回りすぎると逆に刃がもろくなったり、切れ味が悪くなることから。

割を食う……ここで食う「割」とは何の略か？

「割を食う」は、不利な立場に立たされ、損をするときに使う言葉。この「割」は、割り当てられた役割や分配金のことで、そこから損をすることを「割を食う」、「割が悪い」、「割に合わない」というようになった。

顰蹙《ひんしゅく》を買う……そもそも「顰蹙」とはどんな意味？

顰蹙の「顰」は、しかめっ面をすること、「蹙」は縮こまることを意味し、どちらも不快の念をしめす。社会的な良識に反した行動をとり、人に嫌な顔をされたり、軽蔑されたりすることを表す言葉であり、「世間の顰蹙を買う」などと使う。

おけらになる……そのルーツは、昆虫か植物か

所持金がなくなることを「おけらになる」というが、これには昆虫の「オケラ」もしくは植物の「オケラ」が関係している。昆虫のオケラが脚を上げた姿が「お手上げ」につながるという説、オケラの別名が「裸虫」であることに由来すると

いう説、植物のオケラの根の皮をはぐと薬になることから、身ぐるみ剥がされる様子を連想するという説などがある。

べそをかく……二つある語源説

この「べそ」には、二つの語源説がある。一つは、赤ん坊が泣くとき、口をへの字にすることをいう「圧口《へしぐち》」が訛って「べそ」になったという説。もう一つは、「滅相をかく」が「べそをかく」になったという説で、「滅相」は、「見るに耐えないご面相」という意味。

匙《さじ》を投げる……何をすくう「匙」を投げるのか？

「匙を投げる」の「匙」とは、食事用のスプーンではなく、薬を調合するための匙のこと。医者がこれ以上治療法がないとして、薬の匙を投げ出して病人を見放してしまう様子から、解決の見込みがないことから手を引くという意味で使われるようになった。

二の句がつげぬ……「二の句」ってどんな句？

漢詩や和歌を朗詠するときは、最初から初めの区切りまでを一の句、次の区切りまでを「二の句」と呼ぶ。ときには、朗詠するとき、続けて詠みにくいこともある。すると二の句が詠めなくなるわけで、そこから「二の句がつげぬ」という言葉が生まれた。

■「お決まり表現」のルーツをさかのぼる①

固唾《かたず》を呑む……緊張すると、口内はどうなる？

緊張して息をこらしていると、口内の唾が粘り、固まっていく。「固唾」は、その固まった唾のこと。そこから、「固唾を呑む」は、事の成り行きが気掛かりで、緊張しているさまを意味するようになった。

四の五のいう……なぜ「四」と「五」なのか？

「四の五のいう」とは、なんやかんやと文句や不平をいうこと。「一つ」や「二つ」だけでなく、「四つ」も「五つ」もブツブツいうことから、この言い回しが生まれたとみられる。

溜飲《りゅういん》がさがる……「溜飲」ってどんなもののこと？

「溜飲」は、げっぷや喉元に上がってくる酸っぱい胃液のこと。そこで、胃のあたりのもたれが消えることにたとえて、わだかまっていたものが消えて、スカッとした状態になることを「溜飲が下がる」というようになった。

引導を渡す……もともとは仏教の儀式だった

もともと「引導を渡す」は、死者を浄土へ導くために僧侶が行う儀式を指したが、転じて人に何かをあきらめるよう、最終的な宣言をする場合に使うようになった。「見込みがないと、引導を渡される」などと使う。

手玉に取る……手玉を取ってどうする？

「手玉」は、お手玉のこと。曲芸師は手玉を自由自在に操って、お客をひきつける。その様子から、人を手玉のように操り、もてあそぶことを意味するようになった。

目鼻がつく……なぜ、目と鼻なのか？

似顔絵を描いたり、人形をつくったりするときには、目と鼻が重要。そこから物事の大体のところが決まるという意味で「目鼻がつく」というようになった。

頭角を現す……人間には角はないが？

「頭角」は、鹿などの獣の角のこと。獣の群れの中で、一頭のみの角が立派で目立っていることがある。そこから、才能や力量が、周囲の者よりも優れていることを指すようになった。出典は、韓愈の『柳子厚墓誌銘』とされる。

目安をつける……徳川吉宗の時代に生まれた言葉

「目安」は、古くは読みやすくするための箇条書き。その後、箇条書きにした訴訟状を指し、やがて訴訟そのものの意に。江戸時代、徳川吉宗が直訴状を受ける目安箱を設置し、目安箱によって政治の見通しをつけたことから、見当をつけるという意味になった。

足を洗う……最初に足を洗ったのは、僧侶

昔、インドでは、僧侶は裸足で托鉢に出かけ、務めを終えて寺院に戻ると、汚れた足を洗い清めた。それが、日本では、身の汚れを洗い清めるという意味から、罪人や博徒たちが良民にもどるという意味で使われるようになった。

足もとを見る……「足もと」を見た目的は？

昔は徒歩で旅したので、山道などで疲れきってしまうと、そこから一歩も動けなくなることがあった。そんな旅人の弱った足元を見た駕籠かきは、ふだんの何倍もの料金をふっかけた。そこから、人の弱みにつけこむことを指す「足もとを見る」という言葉が生まれた。

沽券《こけん》にかかわる……「沽券」ってどんな券?

「沽券」は、土地などの売り渡しに関する証文のこと。そこから「売値」という意味が生まれ、さらに転じて、その人の値打ちや体面という意味で使われるようになった。

よりが戻る……よりが戻るのよりとは?

物事が元通りになったり、男女の仲が回復することを「よりが戻る」という。ここでいう「より」(縒り)は、数本の糸をねじり合わせて一本にした糸状のもののこと。ねじりあった糸がほどけて元に戻ることから、物事が元通りになるという意味で使われるようになった。

反《そ》りが合わない……何の「反り」が合わないのか?

「反りが合わない」の「反り」とは、日本刀の湾曲《わんきょく》部分を指している。刀自体がもつカーブと、鞘の曲がり方が合わないと刀がおさまらないことから、人の相性に関して「反りが合う」、「反りが合わない」というようになった。

馬が合う……なぜ「馬」という字を使う？

「馬が合う」とは、馬の気持ちと馬に乗っている人の気持ちがぴったりと合うように、二人の人間が意気投合することをいう。

相好《そうごう》を崩す……仏の体の特徴から

顔をほころばせ、にこやかな表情になることを「相好を崩す」という。相好とは、仏教語の「三十二相八十種好」の略。仏には人と違う体の特徴が大きなもので三十二、小さなもので八十あるという意味で、そこから「相好」は顔つきという意味になった。

業《ごう》を煮《に》やす……怒りのあまり煮る「業」とは何か？

「業を煮やす」の業は、人間がおこなう善悪の行為や、理性によって制御できない心の動きを意味する仏教語。そんな業を、怒りの気持ちから「煮る」ようだと、思いどおりにいかず、心の平静を失うことを「業を煮やす」と表現するようになった。

親のすねをかじる……子どもがかじるのが、すねになったのは？

江戸時代、自分で生計をたてることを「腕一本、すね一本」といった。腕とすねは、自分で働き、暮らしを立てる力のシンボルだったのだ。そこから、いつまでも親を頼りにしている子どものことを「親のすねをかじる」、「すねかじり」というようになった。

病膏肓《こうこう》に入《い》る……「膏肓」とはどこのこと？

「膏」は心臓の下部、「肓」は隔膜の上部で、「膏肓」は体の奥深いところ。ここに病気が入ると、もう治らないとされてきた。そこから、病気がひどくなり、治療の施しようもなくなることを意味するようになった。

袖にする……なぜ「袖」を使うのか？

人に対して冷淡な態度をとること、とくに異性をふることを「袖にする」という。

ここでいう袖は、洋服の袖ではなく、和服の袖のこと。和服の袖が動くときに邪魔になることから、誰かを邪魔者扱いすることを「袖にする」というようになった。

糸目をつけない……糸と結びつけているものは何なのか?

何の制限もなく、惜しげもなく金品を使うことを「糸目をつけない」という。この「糸目」は、凧につける数本の揚げ糸のこと。この糸をつけないと、凧をうまくコントロールできないことから。

「お決まり表現」のルーツをさかのぼる②

胸突き八丁……「八丁」とは何か?

「胸突き八丁」の「八丁」とは、富士登山の最後にあたる険しい道のりのこと。この八丁の坂道がもっとも苦しいことから、転じて「物事の大詰め」、「非常に苦しい正念場」を意味する言葉になった。

鹿島立《かしまだ》ち……茨城県の「鹿島」とはどんな関係？

茨城県の鹿島市は、軍神・武甕槌神《たけみかずちのかみ》を祭る鹿島神宮のある土地。古伝によると、鹿島の武甕槌命と香取《かとり》の経津主神《ふつぬしのかみ》が、天孫降臨に先立って、鹿島から〝旅立ち〟、葦原中つ国を平定したという神話がある。そこから「鹿島立ち」は、旅立ちや出立を意味するようになった。

桐一葉……なぜ「桐」なのか？

坪内逍遥作の史劇『桐一葉』は、豊臣家の没落を題材にした作品であり、その題名は「桐一葉落ちて天下の秋を知る」という言葉に由来する。秋を迎えると、桐の葉は他の木の葉に先がけて落葉し、人はそれを見て秋の訪れを知る。そこから、「桐一葉」は、ささいな動きから衰えの兆しを感じることを指す。

鶴の一声……どんな声のこと?

「鶴の一声」といえば、誰もが従うような実力者、権力者の言葉のこと。本物の鶴の声は、甲高く、遠くまでよく響きわたり、鶴が一声発すると、一帯が静まり返るような迫力がある。そんな、あたりを黙らせるような声であるところから、いまのような意味になった。

判官《ほうがん》びいき……「判官」って誰のこと?

「判官」は平安時代の職名だが、この語では、その職を務めた一人、源義経のことを指す。義経は、平家を破りながらも、兄・頼朝に討たれ、同情すべき英雄となった。そこから、敗者、弱者への同情を「判官びいき」というようになった。

糟糠《そうこう》の妻……「糟糠」って何のこと?

「糟」は酒かす、「糠」は米ぬかのことで、「糟糠」は「粗末な食べ物」を意味する。「糟糠の妻」は、そうした粗末な食事をともにしてきた妻のこと。そこから、若く貧しいころから連れ添い、苦労をともにしてきた妻という意味になった。

水と油……「油」と「水」の順番を変えるのはＮＧ

水と油は、混ぜようとしても、油が浮いて混ざり合うことがない。そこから、「水と油」は互いに混じり合わないもののたとえ、気が合わないことのたとえ、として使われるようになった。定型句なので、順番は水↓油であり、「油と水」のように順番をいれかえるのはＮＧ。

押っ取り刀……急いで刀を手に取り、駆けつける様子を表す

「押っ取り刀」の「おっ取り」は、物を勢いよく取るという意味の「おっ取る」の連用形。それに「押」という字を当て、刀を腰に差す間もなく駆けつける様子を意味する言葉になった。ゆったりしているという意味の「おっとり」とは無関係。

洞《ほら》ヶ《が》峠《とうげ》をきめ込む……これで「日和見」という意味になったのは？

天正十年（一五八二年）の山崎の戦いの前、筒井順慶は、いまの京都府八幡市と

大阪府枚方市の境にある洞ヶ峠で、明智光秀につくか、豊臣秀吉につくかを思案したと伝えられる。そこから、「洞ヶ峠をきめ込む」で、日和見を意味するようになった。

江戸の仇を長崎で討つ……江戸と長崎の因縁は？

江戸後期、大坂の見世物が江戸で成功をおさめ、江戸の見世物の人気が落ちたことがあった。ところが、次に長崎の見世物がやってきて、大坂の見世物の人気を奪ってしまう。つまり、江戸の見世物の仇を長崎の見世物が討ったというわけだ。それが、やがて「長崎で討つ」に変化し、思いがけない場所や筋違いのことで、恨みを晴らすという意味で使われるようになった。

急がば回れ……急いだのは、琵琶湖の周辺

江戸時代、琵琶湖を越えるには、船で渡る方法と、歩くルートがあった。船に乗ったほうが時間はかからなかったが、ときに比叡おろしの影響で、船が出ないことがあり、湖上で遭難する恐れもあった。そこから、急ぐときほど、危険な近道

より遠回りでも安全な道を行くほうが確実という、このことわざが生まれた。

豚に真珠……「豚」が選ばれた理由は？

この言葉の出典は、『新約聖書』のマタイによる福音書。そこには「真珠を豚に投げてやるな。恐らく彼らはそれらを足で踏みつけ、向き直ってあなたがたに噛みついてくるであろう」とある。そこから、価値がわからない者に、価値あるものも与えても意味がないという意味が生じた。

狐の嫁入り……なぜ、「狐」が出てくる？

もともと、「狐の嫁入り」は、山野の闇に連なる狐火（火の玉）を指す言葉。火の玉が点々と燃える様子を、松明《たいまつ》をかざした嫁入り行列に見立てたのだ。闇夜に狐火が燃える光景はさぞ不気味だったろうが、晴天に雨が降りだす日照り雨にも、異様な雰囲気がある。その異様さから、日照り雨も「狐の嫁入り」と呼ばれるようになった。

色の白いは七難隠す……「七難」って、どんな難のこと？

肌の色さえ白ければ、目鼻立ちが多少ぶかっこうでも、そう目立たないという意味。「七難」は仏教語で、法華経では、火難、水難、羅刹難《らせつなん》、刀杖難《とうじょうなん》、鬼難、枷《か》鎖難《さなん》、怨賊難《えんぞくなん》の七つを指す。その「七難」が、この語では「欠点」という意味で使われているというわけ。

■「お決まり表現」のルーツをさかのぼる③

頭隠して尻隠さず……最初に、そんなことをした生き物は？

頭隠して尻を隠さなかったのは、鳥のキジである。キジは、人と遭遇したとき、草むらに隠れようとする。しかし、キジの隠れ方は「頭隠して尻隠さず」で、草むらに首を突っこむだけで、尻尾は丸出しでも、自分ではうまく隠れたつもりになってしまうのだ。

名なしの権兵衛……名なしといいながら、「権兵衛」という名があるのは？

この言葉の由来をめぐっては、二つの説がある。一つは、「名なし」は名前がないという意味ではなく、「名もない人」だとする説で、その下に「権兵衛」と続くのは、ありふれた名前だからだという。もう一つの説は、「名主」が誤って伝わったという説。昔の手まり歌に「名主の権兵衛さん」が登場するものがあり、それがいつしか「ななし」と誤って伝わったという。

いざ鎌倉……なぜ「鎌倉」なのか？

一大事が起こり、いよいよ行動をおこすことを「いざ鎌倉」という。鎌倉幕府のために、諸国の武士がはせ参じたことから。謡曲『鉢木《はちのき》』の「鎌倉に御大事あらば…一番に馳せ参じ」というくだりが語源とみられる。

ウドの大木……大きくなると、役立たずになるのは？

このウドは、食用にする多年草の独活のこと。独活は生長すると一・七メートルにもなるが、おいしく食べられるのは若茎の間のこと。育ちすぎたものは、茎が硬くなり、食べられなくなる。むろん、材木としても使えない。そこから、大きいばかりで役に立たないものを「ウドの大木」というようになった。

小田原評定《おだわらひょうじょう》……「小田原」で何を相談したのか？

「小田原評定」は、時間ばかりかかって、結論が出ない会議や相談を意味する言葉。豊臣秀吉が小田原を攻めたときに、城内で北条氏が戦うべきか和睦すべきかで長くもめ、なかなか結論が出なかったという故事から。「ひょうてい」ではなく「ひょうじょう」と読むのが正しい。

烏合《うごう》の衆……「烏」が出てくる理由は？

カラスの群れは、一見したところ、規律も統一もない集まりのように見える。そんな様子から、規律のない人の集まりを意味する「烏合の衆」という言葉は生まれた。ただし、近年の研究では、カラスは、互いに情報交換し合い、統制のとれた行動をとることがわかっている。

月と鼈《すっぽん》……なぜ、鼈が出てくる？

この言葉について、徳川時代の国学者、喜多村信節《きたむらのぶよ》が書いた『嬉遊笑覧《きゆうしょうらん》』には、次のような説明が載っている。関西地方では、鼈のことをマル（丸）という。つまり、丸いという点では月も鼈もよく似ているが、実際には天と地ほどの違いがある。そこから、二つのものがかけ離れていることのたとえとして使われるようになったという。

瓢箪から駒……もとは「瓢箪から米」だった説

「瓢箪から駒」は、意外な成り行きや、ありえないことを指すたとえ。この駒は「馬」のことだが、さらに語源をさかのぼると、「駒」は「米」だったとみられる。『宇治拾遺物語』に、老婆が雀がこぼしていった種をまき、実った瓢箪の中身をくり抜いて吊るしておくと、中に白米が詰まっていたという話が収録されている。この「瓢箪から米」の話がやがて「駒」に変化したとみられる。

鵜の目鷹の目……鵜と鷹が出てくるのは？

鵜も鷹も、目のいい鳥である。鵜は水中でも目が見えるし、鷹は空高く飛んでいても、地上にいる小動物を発見できる。鵜と鷹にかぎらず、猛禽《もうきん》類はみんな目がいいのだが、鵜飼いや鷹狩りなどに使われて、比較的馴染みのある鵜と鷹が、目のよい鳥の代表として、この言葉に登場している。

雁《かり》の使い……「手紙」という意味になるわけ

前漢の武帝の時代、皇帝の使いとして匈奴を訪れた蘇武は、捕らえられ、長く帰国できなかった。そのなか、蘇武は、南に渡る雁の足に手紙をくりつけて、漢の朝廷に便りしたという。そこから、「雁の使い」は手紙を意味するようになった。「雁の文」や「雁書」も同じ意味。

梓《あずさ》に上《のぼ》せる……どうすること？

昔の中国では、梓の木を版木にして印刷した。そこから、書物を出版することを「梓に上せる」というようになった。熟語の「上梓」も同じ意味。日本では、版木にはおもに桜の木が使われていたが、言葉のうえでは中国と同じく「梓」が使われてきた。

屁の河童……屁と河童の関係は?

この言葉、もとは「木っ端《こっぱ》の火」だった。木っ端には簡単に火がつくことから、簡単なこと、たやすいことという意味が生じ、その語が「河童の屁」↓「屁の河童」と変化したとみられる。

寝耳に水……耳と水の関係は?

小林一茶の『おらが春』に、「寝耳に水の押し来るごとき」という表現が出てくる。これは、耳の中に水が入ってくるという意味ではなく、寝ている間に、水の音(大水が出る音)を聞いて驚くという意味。そこから、「寝耳に水」で、不意の出来事にびっくりすることを表すようになった。

■「お決まり表現」のルーツをさかのぼる④

行きがけの駄賃……もとは、〝二重取り〟のこと

「駄賃」は、宿場の間で、荷駄を運ぶ馬方に払った賃金のこと。馬方は、一人の荷主から駄賃を受取りながら、他の人からも荷を引き受けて、二重に駄賃をもらうことがあった。そのことを「行きがけの駄賃」と呼び、それが一般にも広まって、「ことのついでに他のことをする」という意味で使われるようになった。

六日の菖蒲《あやめ》……なぜ、「六日」か？

昔から、五月五日の端午の節句には、菖蒲の花を飾る。むろん、その菖蒲の花が六日に届いたのでは、節句の祝いに間に合わない。そこから、時機に遅れて間に合わないことを「六日の菖蒲」というようになった。

九死に一生……「九死」って、どんな状態？

「九死」は、九回死ぬという意味ではなく、「九分どおりの死」という意味。九分どおり、つまり九〇パーセントの確率で死んでいたところだが、幸運に恵まれて奇跡的に助かったという意味。

雀百まで踊りを忘れず……雀がおどるのは、どんな「踊り」？

この語は、人間いくつになっても、幼い頃の習慣は改まりにくい、あるいは子供の頃に覚えたことは忘れないという意味。雀は、歩き方に特徴があり、両足をそろえてぴょんぴょん飛んで歩く。その踊っているように見える歩き方は、いくつになっても変わらない。そんなところから、この語は生まれた。

身から出た錆《さび》……この「身」は何の身？

刀は鉄製であるため、手入れを怠ると、すぐに錆が浮いてくる。そこから、自分の怠慢さや不手際が原因で失敗することを「身から出た錆」というようになった。

というわけで、この「身」は、人間の体ではなく、刀身のこと。

轍鮒《てっぷ》の急……どうして「鮒」が出てくる？

古代中国の思想家、荘子は、友人に金を借りに行ったとき、「二、三日のうちに金が入るから、そのとき都合しよう」といわれた。すると、荘子は「車の轍の跡にできた水たまりに鮒《ふな》がいて、『水を何杯か運んできて助けて下さい』と頼んでいる。そこで、私は『二、三日のうちに、水を汲んで持ってきてあげよう』と答えたら……」と返したという。この話から、「轍鮒の急」は、緊急事態、さし迫った状態を指す言葉になった。

五十歩百歩……どんな〝場所〟の話？

古代中国の儒家、孟子のたとえ話から生まれた言葉。「戦場で五十歩逃げた者も百歩逃げた者も、逃げたことに変わりはない」という意味の言葉から、多少の違いはあっても本質的には変わりのないことを「五十歩百歩」というようになった。

隗《かい》より始めよ……「隗」って何のこと？

中国古代の書『戦国策』には、次のような話が記録されている。戦国時代、燕の昭王が賢者を招こうと、家臣の郭隗に相談した。すると郭隗は、「賢者を招きたいなら、まず私、『隗』を重用してください。私のような凡人を重用すれば、すぐれた人物が大挙して集まってくることでしょう」と答えたという。そこから、「隗より始めよ」は、遠大なことをするには、身近なことから始めよ、という意味で使われるようになった。

三十六計逃げるにしかず……最初に使ったのはどんな人？

中国の南北朝時代（四二〇～五八九年）の故事に由来する言葉。斉の武将、王敬則が反乱軍を率いて、都に攻めのぼろうとしていた。その途中、王敬則は「王敬則が逃亡するらしい」という皇帝側の流した噂を耳にしたとき、こう応じたという。「檀将軍の計略は三十六あったというが、逃げるのが一番の策だったという。おまえたち（皇帝側）こそ、さっさと逃げるがよい」。その故事から生まれたのが、この言葉だ。なお、王敬則は、その後、斉の正規軍に敗れ、殺害されている。

虎の威を借る狐……この言葉のもとになった故事とは？

『戦国策』によると、楚の宣王が、将軍の昭奚恤《しょうけいじゅつ》が他国から恐れられているという噂を聞き、その真偽を家臣に尋ねた。すると、家臣の一人の江乙《こういつ》が次のように答えた。「虎が狐を捕まえ、食べようとしたとき、狐が『自分は天帝の使いだから、食べると天帝にそむくことになる。その証拠に、私を見ると、みんな恐れて逃げていきますよ』といって、虎を後ろに従えて歩いた。すると、たしかに他の動物たちは逃げていった。それを見て、虎は感心したが、じつは他の動物が恐れたのは、狐ではなく、その後ろにいた虎自身だった」。この話で、江乙は、他国が恐れるのは、将軍個人ではなく、楚の国であることを語ろうとしたのだった。この故事から、「虎の威を借る狐」は、人の権力を頼って、いばりちらす者を指すようになった。

偕老同穴《かいろうどうけつ》の契《ちぎ》り……これで、夫婦の契りがかたいことのたとえになるのは？

『詩経』にある「生きては偕《とも》に老い、死んでは同じ墓穴に葬られる」という意味の言葉に由来し、夫婦の契りがかたいことのたとえ。なお、「偕老同穴」という名の海綿動物がいるが、これは雌雄一対が同じ穴で暮らすところから、つけられた名前。

肯綮《こうけい》に中《あた》る……「肯綮」って、何のこと？

「肯」は骨についた肉、「綮」は筋と肉がつながるところを意味する。「肯綮」という言葉の出典は『荘子』で、中国の梁の時代、庖丁《ほうてい》という料理人が、恵王の前で牛をさばいたときの故事に由来する言葉。そこから、「肯綮」は物事の大事なところを意味し、「肯綮に中る」は物事の急所を突くこと。

元の木阿弥……「木阿弥」ってどんな人？

『天正軍記』という書物によると、大和国郡山の城主筒井順昭が亡くなったとき、息子の順慶がまだ幼かったため、木阿弥という名の盲人を影武者にしたという。三年後、順慶が成長すると、木阿弥はお払い箱になり、元の境遇に戻された。そこから、いいときもあったものの、結局は元の状態に戻ることを「元の木阿弥」

というようになったという。

笛吹けども踊らず……この言葉の出典は？

出典は『新約聖書』のマタイの福音書。イエスが人々に信仰を説いても、誰も耳を貸さなかったという一節に由来する。そこから、人に何かをしてもらおうとしても、誰も応じようとしない状態を指すようになった。

目から鱗《うろこ》が落ちる……出典は新約聖書

この言葉の出典も『新約聖書』。イエスの弟子たちを迫害していたサウロ（後のパウロ）は、突然光につつまれて、目が見えなくなった。そのサウロをイエスの弟子の一人が訪ね、「主は、私をここに送られました。あなたの目が再び見えるようになるためです」と祈った。すると、サウロの目から「鱗」のようなものが落ち、目が見えるようになったという。そこから、何かをきっかけにして、迷いからさめたり、物事がよくわかるようになることを「目から鱗が落ちる」というようになった。

溺れる者は藁《わら》をもつかむ……ドイツ語由来説もある比較的新しいことわざ

古くからありそうだが、江戸時代のことわざ集には出てこない言葉。当時は、漁師や船乗り以外の人は泳げなかったため、実感に乏しかったのだろう。明治以降、水泳教育が行われるなか、広まったとみられる。ドイツ語に「溺れた男に一本の藁」という表現があるので、それを訳した言葉という説もある。

■「四字熟語」は語源を知るのがおもしろい

八面六臂《はちめんろっぴ》……なぜ「八」と「六」なのか？

「八面六臂」とは、仏像などが八つの顔と六本の腕をもつこと。「面」は顔、「臂」は腕を意味する。そこから転じて「一人で手際よく物事を処理する」、「多方面で活躍する」という意味が生まれた。「八面六臂の活躍」など。

傍目八目《おかめはちもく》……囲碁から出た言葉

「傍目八目」とは、当事者よりも第三者のほうが物事をよく見渡せ、客観的に判断できるという意味。人の碁をわきから見ると、当人よりも八手先まで手が読めることから。あるいは、八目分、得をする手がわかるからという説もある。

四苦八苦……なぜ「四」と「八」なのか？

「四苦八苦」は、「あらゆる苦しみ」を意味する仏教語。仏教では、「生老病死」の四つの苦しみに加えて、さらに複雑な苦しみが四つあるとして、合わせて「四苦八苦」と呼ぶ。そこから、ひじょうに苦しむことを意味する言葉として使われるようになった。

単刀直入……どうやって入るのか？

もとは、一振りの刀のみで敵陣に切り込むという意味。中国では、単刀直入すれば、聖人も凡人も正体をさらすとされた。そこから、遠回しな言い方をせずに、問題の核心をつくことを意味するようになった。

疑心暗鬼《ぎしんあんき》……鬼はどこにいるのか？

「疑心、暗鬼を生ず」の略。疑って物事を見るようになると、その人の目に鬼が映るようになること。そこから、何でもないものに対して、恐れや疑惑を抱くようになることを意味するようになった。

手練手管《てれんてくだ》……「手管」って、何のこと？

「手練手管」の「手練」は、もとは「しゅれん」と読み、熟練した腕前のこと。一方、「手管」は「水芸」と関係する。水芸は、指の先や扇の先から水を出す芸で、それは手の中に「管」を持っているからこそ、できる芸。その「手管」をさばく巧みさから、「手練手管」という言葉は生まれた。

快刀乱麻……「麻」がでてくるのは？

中国の武将が三人の子供の能力を試すため、もつれた麻糸をほどかせた。すると、次男の高洋は、いきなり刀（快刀）を抜いて、もつれた糸（乱麻）を断ち斬り、

「乱は斬るべし」と言い放ったという。この故事から、もつれた事態を鮮やかな手腕で処理するさまを「快刀乱麻」というようになった。なお、その次男、高洋は、後に北斉の初代皇帝となっている。

後生大事……もとは仏教語

「後生」は仏教語で来世のこと。「後生大事」は、来世のことを考え、心を込めて修行にすること。そこから、一生懸命つとめること、物事を大切にするという意味が生じた。いまでは、ネガティブな意味になり、「古い資料を後生大事にとっておく」などと使う。

一網打尽……この言葉を最初に使ったのは、どんな人？

中国の書『宋史范純仁伝』に由来する言葉。検察官だった王拱辰が公金の流用疑惑を調査し、現場を押さえて一斉逮捕したことがあった。そのとき、王拱辰は「吾一網打尽せり」と叫んだという。そこから、「一網打尽」は、悪のメンバーなどをまとめて捕らえることをいうようになった。

4　語源をきちんとおさえたい大人の「熟語」

■そういうルーツだったんだ！ 基本の熟語①

若干《じゃっかん》……「干」は一＋十

「若干」の「干」の字を分解すると、一と十に分けられる。一方、「若」は「若し」で「ごとし」と読む。そこから、「若干」は「一の若し、十の若し」という意味で、そう多くない数、量を意味するようになった。「若干の不安が残る」、「若干名採用」などと使う。

微妙……〝ビミョー〟に意味が変化してきた言葉

「微妙」は、時代を追って意味が変化してきた言葉。もとは「言い表せないほど、奥深く、すばらしいこと」。時代が下ると、ほめ言葉ではなくなり、「違いがわずかで、簡単には言い表せないさま」という意味。さらに、現在では、「ビミョー」

をネガティブな意味に使うことが多い。

微塵《みじん》……仏教語としての意味は？

極めて細かいことで、「微塵切り」などと使う言葉。もとは仏教語で、物質の最小単位が「極微《ごくみ》」、極微が結合したものが「微塵」と呼ばれた。

主義……誰がつくった言葉？

明治初期、ジャーナリストで文学者の福地源一郎（桜痴）が、principle を訳した言葉。後に、ism の訳語としても使われ、資本主義、社会主義、民主主義などの形で、広く使われるようになった。

自然……江戸時代までは、いまとは違う意味

江戸時代までは「じねん」と読んで、「おのずから」や「ひとりでに」という意味で使われていた。明治以降、nature の訳語として使われ、「自然主義」や「自然淘汰」などの言葉とともに広く使われるようになった。

理想……誰が作った言葉？

明治時代の思想家、西周《にしあまね》が訳した言葉のひとつ。西は当初、ideaを「観念」と訳したが、後に「理想」と訳し直した。明治後半には「現実」の対義語として定着、「理想主義」や「理想郷」などの言葉とともに、一般に広まった。

口実……嘘を言うのに、なぜ「実」？

この「実」は「満ちる」の意で、口の中が満ちるということから、人の言葉やその言い方を意味した。ただし言葉には、実態が伴わないものが多いところから、やがて言い訳や言いがかりの材料を意味するようになった。

義理……もとは「道理」を意味した

「義理」は、もとは「理」の意味合いが強く、「道理」や「真理」を指した。対人関係上の意味はあまりなかったのだが、近世になって「義」の意味合いが強まり、人との関係を優先する言葉に変わっていった。

■そういうルーツだったんだ！ 基本の熟語②

批判……もともとは、否定的な評価とは限らなかった

「批判」は、いまは「否定的に論評する」という意味で使われるが、もともと「批」と「判」には、善し悪しの区別をつけるという意味があり、「批判」もネガティブな方向に限らず、善悪を検討して判定するという意味だった。カントの『純粋理性批判』などでは、この意味で使われている。

反対……自由民権運動の中で、広まった言葉

明治以降の言葉で、政府の方針・政策に〝反対〟した自由民権運動の中、広まった言葉。それ以前は「不承知」や「否《いな》」が使われていた。

我慢……もとの意味は、いまとは逆

仏教では、我に執着し、他人を軽視する心のこと。つまり「高慢」という意味だったが、俗世では、我に執着するところから「我意を通す」の意味になった。転じて、現在の苦しみにも耐え忍ぶという意味で使われるようになった。

合点……どんな「点」のことか？

もとは、和歌、連歌、俳諧の世界で、よいと思う歌や句の肩につけた鉤点《かぎてん》や丸点を指した。また文書や回状にも鉤点、丸点をつけた。そこから、「同意する」、「納得する」という、いまの意味が生まれてきた。

挨拶……もとは禅宗の押し問答だった

「挨」は押す、「拶」は迫るという意味で、「挨拶」はもとは禅宗の押し問答のこと。それにより弟子のレベルを試したが、それが手紙の往復、応答という意味になり、さらには人と会ったときに行う儀礼的な動作や言葉をいうようになった。

退屈……何に屈している？
もとは仏教世界の言葉で、修行の苦難に屈し、退くという意味。そこから「疲れて嫌になる」という意味が生まれたが、しだいに「疲れる」の意味合いが消えていった。ついには、疲れとは無関係に、「時間を持て余す」という意味になった。

内緒……昔は台所のことだった
江戸時代には「内証《ないしょう》」と書き、お勝手、台所を指した。お勝手、台所は表向きの仕事をする場ではなく、そこから「内々のこと」という意味が生まれ、漢字で「内緒」と書くようになった。

駄目……どんな「目」？
囲碁用語で、両者の間にあって、どちらのものにもならない目のこと。そこに石を置いても無駄であるところから、効果がないことをいうようになり、さらには、よくない状態を指すようにもなった。

■そういうルーツだったんだ！ 基本の熟語③

億劫《おっくう》……何が「億」もあるのか？

仏教の言葉で、「おくこう」とも読む。「劫」はきわめて長い時間の単位で、それが「億」もあるから、「億劫」で、永遠を意味した。やがて、長い時間かかるところから、面倒臭いという意味が生じてきた。

貫禄……武士の収入を表す言葉だった

「貫」は、中世、田畑に用いた単位で、田地の収穫を銭に換算したもの。「禄」は、支給される手当て。本来の「貫禄」は武士の収入、豊かさを表す言葉であり、豊かな武士には威厳が備わっていたことから、いまの意味になった。

披露……もとは文書を開けて見せること

文書などを披《ひら》き、露《あらわ》すことが、もとの意味。「上の者に意見を申し上げる」という意味もあったが、しだいに「広く告げ知らせる」という意味になり、結婚披露宴などとも使われる言葉となった。

黄昏《たそがれ》……人に声をかける言葉だった

夕方、薄暗くなると、人の姿が見分けにくくなる。道行く人が誰かわからないとき、「誰《た》そ彼《かれ》」と尋ねることもあった。その「たそかれ」が「たそがれ」となり、「黄昏」の漢字が当てられ、その時間帯を意味するようになった。

塩梅《あんばい》……「塩梅」と「按排」がごっちゃになった語

もとは「えんばい」と読んで、塩と梅酢を指し、料理の味加減を意味した。これが、ものを具合よく並べる意味の「按排」と混同されて「あんばい」と読むようになり、やがて物事や体の具合や様子という意味でも使われるようになった。

杜撰《ずさん》……「杜」は人名から

「撰」は、詩文をつくること。中国・宋代の詩人・杜黙のつくった詩の多くは、詩の様式に合わなかった。「杜撰」とは杜黙のつくった詩のことで、当初は誤りが多いこと、やがて、いい加減という意味で使われるようになった。

滅法……もとの意味は「不変の真理」

もとは仏教の世界の言葉で、因縁を超越した不変の真理のこと。その絶対的なイメージから、意味が拡大され、「滅法強い」などと、程度がはなはだしいさまを指す副詞としても使われるようになった。

齷齪《あくせく》……やはり「歯」と関係する言葉

もともとは、「あくさく」と読み、歯並びの細かいさまを意味した。その細かなイメージから、物事に細かいさまをいうようになり、心の狭いさま、目先のことに追われるさまを指すようになった。

■会話ではよく使うのに、語源は知らない熟語

結構……なにが見事なの？

かつては、建造物の構造、文章の構成を意味する言葉だった。全体の構造を組み立てることであり、念入りに組み立てられた建造物や文章は見事で、満足のゆくものだったので、そこから現在の「欠点のない」といった意味が生まれた。

滑稽《こっけい》……何がなめらかなの？

「滑」はなめらか、「稽」はとどまるという意味。「滑稽」は、弁説が滑らかかと思えば、一瞬とどまるといった具合に緩急自在であることをいった。そのような弁説はおもしろいところから、「おかしい」という現在の意味が生まれた。

互角……どんな動物の角？

もとは「牛角」と書いた。仏典に「牛頭両角」という言葉があり、牛の左右の角は長さ、太さには差がないことから、互いに優劣のつかないことを意味した。その「互いに」という意味が強くなり、「互角」となった。

完璧……中国の有名な故事から

古代中国で、強大な秦王が、趙王に名宝「和氏《かし》の璧《たま》」を渡すように脅迫したが、趙王の家臣・藺相如《りんそうじょ》がそれに屈せず、「璧を完《まっと》う」して無事、帰国したことから。

■意味は知っていても、語源は知らない熟語

目的……もとは、こう書いて「めあて」と読んだ

江戸時代には「目的」と書いて「めあて」と読むことがあった。やがて、その語

を「もくてき」と音読して、オランダ語の訳語として使うようになり、目指している物事という意味が生じた。

都合……もとは「合計する」ことをいった

「都」には「すべて」という意味があり、すべてを合わせる、つまりは合計するというのが、もとの意味。ただ、世の中すべて完璧とは行かず、さまざまな事情が生じるもの。そのため、「事情」や「調整」といった意味が生まれてきた。

結局……もとは囲碁・将棋の言葉

この「局」は囲碁や将棋の勝負を意味し、「結局」はひと勝負を打ち終えることを意味した。それが囲碁・将棋以外の世界でも使われるようになり、さまざまな曲折を経たのちの結末も意味するようになった。

支度《したく》……「見積もりする」が、もとの意味

「支」は、はかるという意味、「度」は、物事のほど合いという意味。つまり「支度」は、ほど合いをはかるということで、「見積もりをする」がもともとの意味。見積もりのあとには準備をするところから、いまの意味になってきた。

自分……自身の能力、技量を意味する言葉だった

中国にこの言葉はなく、日本で生まれた言葉。「分《ぶん》」は、その人の持っている身分や能力、技量のこと。そこから「自分」は、自らの「分」に応じた能力や技量を意味したが、やがて自らを指す一人称代名詞の意味が強くなった。

派手……三味線の世界で誕生した言葉

三味線の世界で、正統が「本手組」といわれたのに対して、型破りの曲風で挑戦したのが「破手《はで》組」。彼らは華やかで人目をひきつけたので、「はで」はその意味で使われるようになり、やがて「派手」と書かれるようになった。

遠慮……もとの意味は、遠い将来について考えること

「深謀遠慮」という言葉があるように、もとは遠い将来を慮《おもんぱか》る、つまりは深く考

える こと。その深く考えるという意味から控え目というニュアンスが生じ、「熟慮のすえ辞退する」、「控えめにする」といったいまの意味になった。

約束……もとは「束ねる」という意味だった

「約」は、小さく縮めるという意味、「束」は、縛るという意味で、「約束」はもともと「束ねる」という意味だった。人を束ねるには、取り決めや言い交わしが必要であり、そこからいまの意味になってきた。

■耳にしていても、語源は知らない熟語

敗北……なぜ「北」という字を使う？

「北」の字源は「背」で、そこから「北」にも「敵に背中を見せる」、「逃げる」という意味が生じた。やがて「北」を「逃げる」、「負ける」という意味に使って、

「敗北」という熟語が生まれた。

月並……正岡子規がつくり、夏目漱石が広めた言葉

正岡子規は、月例の句会でよまれるような凡庸《ぼんよう》な俳句を「月並調」と批判した。この「月並」という言葉を、子規の友人だった夏目漱石が、数々の作品の中で用い、「月並」は明治時代には流行語のように使われ、その後、日本語のなかに定着した。

立派……僧侶の努力・苦心から生まれた言葉

もとは僧侶が、自分の一派を立てるという意味。あるいは、僧侶が自分の説を立て、人を論破する「立破」から来たともいわれる。いずれにせよ、僧侶の努力と苦心を指し、転じて威厳があって美しいさまをいうようになった。

親切……「両親」とは何の関係もない？

もとは「深切」と書いて、深くて甚だしいことを意味した。そこに人情が深くて甚だしいという意味が加わって、「信切」とも「心切」とも書くようになった。それが、いつしか「親切」へと変わった。

苦笑……いつ頃、生まれた言葉？

「苦笑い」という言葉は古くからあったが、明治時代、それを音読みして「苦笑」という語が生まれた。「微笑」、「冷笑」、「嘲笑」など、さまざまな笑い方を表す熟語が生まれたのも、その時代のこと。

根性……いまはポジティブ、昔はネガティブな言葉

いまは「根性がある」など、しっかりした性格を表す言葉だが、昔は「盗人根性」、「役人根性」など、ネガティブな性格を表す言葉だった。さらにさかのぼると、その人の根本的性質という意味の仏教語。

冗談……「常談」や「笑談」から生まれた言葉

古くは「笑談」という言葉が、面白話という意味で使われていた。「冗談」はそれが濁音化し、ムダという意味の「冗」の字を当てた言葉とみられる。「冗談」で定着したのは大正時代以降のことで、「冗談半分」や「冗談にもほどがある」などは、それ以降に生まれた言い回し。

誕生……もとは、仏や皇子が生まれること

「誕生会」は、仏教関係では「たんじょうえ」と読み、釈迦や各宗の開祖らが生まれた日に催す法会。そこからもわかるように、「誕生」は古くは仏や皇子が生まれたときに使う言葉であり、中世以降も、武士や僧侶限定で使われていた。一般にも広まるのは、江戸時代以降のこと。

散歩……中国の昔の薬の名前から

昔、中国に「五石散」という薬があった。五石散は虚弱体質を治す薬で、体がポカポカと温かくなり、その状態を「散発」と呼んだ。しかし、散発が起きないときには、歩き回り、血行をよくして散発を呼び起こす必要があった。その歩き回る状態から、「散歩」という言葉が生まれた。

腕白《わんぱく》……「腕が白い」と書くのは？

いたずら盛りの子どもの様子を「腕白」というが、「腕白」と書くのはただの当て字。「わやく」（聞き分けがない、いたずらをするという意味）が、転じて「わんぱく」という言葉が生まれたとみられる。

皮肉……皮と肉はランクの名前

達磨大師は弟子の修行の段階を「皮・肉・骨・髄」とランクづけした。皮と肉はまだレベルが低く、骨と髄に達してこそ本質にたどりつく。そこから、皮と肉に「うわべ」という意味が生まれ、後に相手の欠点をあてこする言葉にもなった。

頂戴《ちょうだい》……僧侶のポーズから生まれた言葉

もとは仏教世界の言葉で、僧侶が頭上に経典をかかげながら行う礼のことを指した。頭頂に戴くから「頂戴」というようになったが、そのさまは、俗人が物をもらうときのさまにも似ている。そこから、「もらう」の謙譲語としても使われるようになった。

丁寧《ていねい》……もとは軍隊の楽器を意味した

もとは、中国の軍隊にあった楽器のこと。その楽器は警戒や注意を促すときに鳴らされたため、「注意深い」、「念入り」という意味が生じた。やがて、念入りという意味合いが強くなり、親切で礼儀正しいという意味になってきた。

■どこかいわくありげなよく使う熟語

観念……もとは仏教で「悟りを得る」という意味

「観念」は、仏教の言葉で「観想の念仏」の略。「観想」は、特定の対象に思いを集中させることであり、「観念」は、仏や浄土を思い描いて、集中し、真理、悟りを得ることをいった。それが、やがて「諦める」という意味に変わった。

懺悔《ざんげ》……どんな言葉が漢字化した？

サンスクリット語で、罪を告白することを「ksama」という。その音を漢字にしたのが「懺悔」。自分の罪悪に気づき、神仏や人に告白し、悔い改めることをいう。仏教の世界では、濁らずに「さんげ」と読む。

淘汰《とうた》……もとは、水で洗ってより分けること

「淘」は、水洗いして、より分けること。「汰」は、勢いよく水を流してすすぐこと。そこから「淘汰」で、水で洗ってより分けるという意味になり、しだいに悪いものを除き、よきものを残すという現在の意味になってきた。

因果……「原因と結果」が、仏教の世界でどうなった？

サンスクリット語で「原因と結果」を意味する「hetu-phala」を漢字化した言葉。仏教の世界では、自分のしたよい行い、悪い行いに応じて、よい報いや悪い報いが来ること。

剣幕《けんまく》……もとは医学用語

もとは「見脈《けんみゃく》」で、脈を見るという意味。やがて、外見から心理を推察するという意味になり、それも怒りが中心となった。そこから怒って興奮している様子を指すようになり、表記も物騒な「剣幕」に改められた。

指南……南を指したのは誰か?

古代中国に「指南車」という乗り物があり、それに設置された人形は、つねに南の方向を指していた。そこから「指南」は、一定の方向を指すことを意味するようになり、転じて人を教え導くという意味になった。

折衝《せっしょう》……どんな外交テクニックのこと?

古代中国で、斉の宰相・晏子は、強国からの圧力を巧みな外交術でかわしていた。敵の「衝」いてくる鉾先を「折」る晏子の外交術を孔子が讃え、やがて「折衝」は利害関係の一致しない相手と駆け引きすることを指すようになった。

左遷《させん》……なぜ「左」へ行くとダメなのか？

古代中国では、右を尊び、左より上位に置いた。左側に移されること、即ち「左遷」は、地位を下げられることであった。日本では左大臣は右大臣より上位と、左が上位にあるが「右遷」とは言わず、そのまま「左遷」となった。

考えれば考えるほど不可解な熟語

肉薄《にくはく》……肉がどうなること？

この「薄」は、迫るという意味。味方の兵士の肉体と肉体が触れ合うほどに大勢となって密集、敵軍に迫っていくことが、もともとの「肉薄」の意味。そこから転じて、相手に鋭く詰め寄ることを意味するようになった。

伯仲《はくちゅう》……中国では、長男と次男を意味する語

中国では、兄弟を上から順に、伯・仲・叔・季とした。長男の「伯」と次男の「仲」は大きく変わらないので、「伯仲の間《かん》」は優劣のない間柄。そこから、「伯仲」で力が接近し、優劣のつけにくいことをいうようになった。

奈落《ならく》……もとは「地獄」のこと

もともと仏教の言葉で、地獄のこと。サンスクリット語の「naraka」が「奈落迦」と漢字表記され、やがて「迦」の字が消えた。そこから、どん底の意味で使うようになり、後に舞台の花道の下のことも意味するようになった。

野心……もとは、どんな心のこと?

もとは、獣の野性のこと。やがて、他者に服さずに害をなそうとする心を意味し、さらには現状より高い身分、財宝を得ようとする心の意味に使われるようになった。

本命……陰陽道から生まれた言葉

もとは「ほんみょう」と読み、陰陽道で「本命星《ほんみょうしょう》」というと、その人の生まれた年によって決まる特定の星のことで、人の一生は本命星に左右されるという。その後、意味が転じて、勝負事などで勝つと予想される者を指すようになった。

際物《きわもの》……門松も、雛人形も、鯉のぼりもこの類

かつては、ある時期の間際にだけ売れる物のことを指し、正月の門松や三月の雛人形も、「際物」だった。そのうち、「ある時期」という意味合いが強くなり、一時的な流行を当て込んだ商品を意味するようになった。

苦肉……何が苦しいの?

この「肉」は肉体、身のことで、「苦肉」は、敵を欺くため、自分の身を苦しめることをいった。その意味が変化して、「敵を欺く」という目的は消え、「苦肉の策」、「苦肉の計」などとして、苦し紛れに考え出した手段を指すようになった。

■誰もが続きを聞きたくなる語源の話①

脚色《きゃくしょく》……古代中国では履歴書のことだった

「脚」は根本、「色」は表に現れるという意味。そこから、古代中国では仕官のときに提出する履歴書を「脚色」といった。元代になると、演劇の世界で仕組み書のことを指すようになり、日本では原作の脚本化や、事実の色づけを意味するようになった。

圧巻……過酷な受験システムから生まれた語

「圧」は、押さえること。「巻」は、答案。中国の官吏登用試験である科挙では、最も優れた巻を、他の巻の上に載せて押さえつけた。そこから、書物や催物で最も優れている場面などを指すようになった。

折檻《せっかん》……なぜ「檻」が折れた？

「檻」は手すりのこと。中国で朱雲という人物が皇帝を諫《いさ》め、怒りを買った。朱雲は家来の乱暴を受けたが、手すりにつかまり抵抗し、手すりが折れた。そこから「折檻」は強く戒めるという意味となり、やがて戒めのため、こらしめるという意味になった。

安堵《あんど》……「堵」って何のこと？

「堵」は、家の垣根のことで、「安堵」はもとは垣の内、つまり居所に安んじて暮らすことを指した。それが、鎌倉時代には、土地の所有権を認めることを意味するようになり、また、心が落ち着くという精神的な意味にもなった。

図星……どんな「星」か？

矢の的の中心には黒点が描かれており、これを「図星」といった。射手は図星を狙って矢を放つため、そこから狙い所、急所の意味となり、さらには人の思惑が想像していたとおりであることも意味するようになった。

娑婆《しゃば》……「婆さん」とは関係あるのか？

仏教の言葉で、忍耐を意味するサンスクリット語「saha」の漢字化。人間の住むこの世のこと。江戸時代には、吉原遊廓が自らを極楽とし、外を「娑婆」と呼んだ。さらに、刑務所の外の自由な世界をいうようになった。

双璧《そうへき》……何が二つあるのか？

「双璧」は一対の宝玉のことで、かつて中国では優れた兄弟のことを指した。そこから、優劣のつけられない、二つの優れたものを意味するようになった。

封切……もともとは映画ではなく、本から

江戸時代、豪華な本は袋にはいっていて、その封を切ってから読むものだった。そこから、新刊本を最初に見ることを「封切」と呼ぶようになり、それが新作映画にも使われるようになった。

■誰もが続きを聞きたくなる語源の話②

稽古《けいこ》……本来は何を学んでいた？

「稽」は、「考える」という意味。「稽古」は古《いにしえ》を考える、つまりは昔の本を読んで、ものの道理や故実《こじつ》を学ぶことを意味した。やがて、その学ぶ範囲が広がり、武術や技術を習う意味になってきた。

保障……もとは「城」と「砦」のこと

中国では、「保」は小さな城、「障」は砦を意味した。城と砦によって防衛するという意味だったが、戦争以外の場にも使われるようになり、責任をもってその状態を守ることをいうようになった。

民芸……この言葉を生んだ人は?

「民芸」は、民衆の暮らしから生まれた素朴かつ実用的な工芸を総称する言葉。大正十四年、柳宗悦が河井寛次郎、浜田庄司らとともに、そうした物にこそ、美があるという意味を込めて、つくり出した芸術的概念。郷土色のあるお土産という意味の「民芸品」は、その後、生まれた語。

全国……ペリー来航以降、使われるようになった言葉

「全国」は、中国では「国を全うする」という意味で使われてきた言葉。幕末のペリー来航以降、日本で「国全体」という意味で使いはじめられた。黒船到来によって、藩を越えた国家意識が否応なく芽生えることになり、使われるようになった言葉。

新婚旅行……意外に明治時代からある言葉

意外に古い言葉で、明治二十~三十年代には、すでに使われていた。それ以前は、honeymoonを直訳して「蜜月の旅」や「蜜月旅行」などの言葉が使われていた。

空気……江戸時代後半からいまの意味に

「空気」は古くからある熟語だが、江戸時代後半、蘭学者がairの訳語として使い、いまの意味で使われるようになった。なお、江戸時代の庶民は、いまの意味の「空気」の存在をよく理解していなかったので、時代劇などで「空気を入れ替えよ」などいうと、間違いになる。

演出……もとは、上演するという意味

現在、「演出」というと、演劇で、俳優の演技などを指導し、芝居全体をまとめあげることを意味するが、大正末頃までは、「演じて外に出す」＝「上演する」という意味だった。築地小劇場などを創設した劇作家の小山内薫が、いまの意味で使いはじめたとみられている。

■誰もが続きを聞きたくなる語源の話③

会社……明治時代、この言葉をつくったのは、どんな人？

「会社」という言葉を考案したのも、前述の福地源一郎。「公」である「社会」をひっくりかえして、「会社」としたという。ただし、当初の「会社」は、同好の人々の集まり、私的な集まり、というほどの意味で、明治三十二年の商法制定以後、私企業というのいまの意味で使われるようになった。

出張……何を「張る」の？

いまはビジネス用語だが、もともとは戦陣用語。敵地に侵攻するために、出発することを意味した。根拠地を出て、陣を張ることから「出張」となった。昔は訓読みして、「出張《でば》り」ともいった。

仕事……江戸時代までは「為事」とも書いた

もとは職業に限らず、「しなくてはならない事」という意味で、江戸時代までは「為事」とも書いた。しだいに、職業を意味するようになり、明治以降、「仕事」という書き方で定着した。

赤字……なぜ赤いのか？

簿記で、支出より収入が多いときは、黒いインクで数字を書いた。これが、黒字の状態。逆に、収入より支出が多いときは、赤いインクで数字を書いた。そこから、「赤字」は企業や家計のマイナスを指す言葉になった。

企業……明治時代につくられた日本生まれの言葉

「企業」は明治初期、英語の enterprise の訳語としてつくられた日本生まれの熟語。当初は、いまでいう「起業」（事業をおこす）の意味で使われ、後に「経済活動を行う組織・会社」を指す言葉として使われるようになった。

降板……この「板」の意味するものは？

野球用語の「降板」は、投手がマウンドから降りることで、この「板」はピッチャーズプレートのこと。「降板」は芸能関係でも使われ、番組から降りる、役から降りる、という意味。なお、芸能界では、「板」は舞台を意味する言葉。

私語……もとは「私的にしゃべる」という意味ではない

いま、「私語」というと、授業中などで、私的にしゃべることを意味し、「授業中、私語がうるさい」などと使う。ところが、「私語」は本来、ひそひそ話という意味であり、「うるさい」わけではない。「私」が個人を意味するところから、「私的な会話」という意味が生じたとみられる。

北上……なぜ「上」なのか？

「北上」は、近代的な地図では、北が「上」になることから、生まれた言葉。江戸時代までの地図は、北が「上」とは限らなかったので、「北上」は明治以降に生まれた言葉。「南下」も同様だ。

郵便……「郵」の意外な訓読みとは？

「郵」には、これ一字で「しゅくば」と訓読みするように、飛脚を中継する屯所を意味する漢字だった。一方、「便」は便り、手紙のことで、「郵便」はもとは別の宿場へ送る手紙のこと。その言葉が、明治初年、近代的な郵便制度にも採用され、いまも使われている。

所帯……なぜ「帯」なのか？

「所帯」は、もとは身に帯びているもののことで、そこから所持品や資産、地位を意味するようになり、やがて一家の暮らし向きや同じ家に住む家族を意味する言葉になった。

■大人なら覚えておきたい「三字熟語」

大袈裟《おおげさ》……何が大きい？

「袈裟」は、僧侶の衣服。大きな袈裟を着た僧侶の姿が、大仰で誇張されたものに見えたことから、いまの意味になった。また、剣術では、袈裟懸けに人を斬ることを意味する。

几帳面《きちょうめん》……寝殿造の柱から生まれた語

「几帳」は、寝殿造の間仕切りに使われた室内調度品。「几帳面」は、几帳の角柱の角を丸くしたうえに、両側に段をつけたもの。その細かで丁寧な仕上げぶりから、細かいところまで物事をきちんと行うさまをいうようになった。

大黒柱……大黒天との関係は？

建物の中央にある太い柱にこの名がついたのは、江戸時代にこの柱の上部に大黒天を飾ったから。大黒天は福徳の神であり、その利益を祈願してのこと。その柱が建物の中心にあることから、一家の支え手という意味も持つようになった。

試金石《しきんせき》……何を試す石か？

もとは、金や銀などの貴金属の純度を鑑定するのに用いる黒く硬い石のこと。この石を貴金属の表面にこすりつけ、筋となって残った部分から鑑定した。転じて、その人の力量をはかる基準となる物事を指すようになった。

下馬評《げばひょう》……馬の評判のことではない

「下馬」とは、社寺や城門で、主人が馬から下りる場。そこでは供の者らが、主人を待つ間、さまざまな事物の批評、噂話をした。そこから、第三者が興味本位にする噂のことを「下馬評」というようになった。

断末魔《だんまつま》……どんな「魔」か？

「末魔」とは、サンスクリット語の「marman」を漢字化した語。身体内にある特殊な急所を意味し、そこを断ち切られると、人は激痛により死に至る。そこから、「断末魔」は人が死ぬ間際のことを意味するようになった。

長丁場《ながちょうば》……「丁場」とは何のこと？

「丁場」は、宿場と宿場の距離のこと。運送の受け持ち区域のことも意味し、「長丁場」は宿場と宿場の距離が長いこと、運送の受け持ち区域が広いことをいった。やがて、そこから、一つのことに長い時間がかかるという意味になった。

有頂天……どんな「天」か？

「有頂天」は本来、仏教の三界の一つである色界のうち、もっとも高い天である色究竟天のこと。形ある世界の頂《いただき》のことであり、そこから「絶頂を究める」という意味が生まれ、「得意の絶頂になる」という意味も生まれた。

破天荒《はてんこう》……「天荒」は、古代中国・荊州の蔑称

中国・唐代、官吏登用試験である科挙の合格者がいなかった荊州は、「天荒」（天地未開という意）の地と呼ばれていた。そこに一人の合格者が現れ、「天荒」を破った。そこから前人の成しえなかったことを、初めてすることをいうようになった。

集大成……もとは孔子を讃えた言葉

中国の思想家・孟子は、孔子の後継者を自認し、「孔子は之を集めて大成す」と讃えた。これが「集大成」という一つの言葉になり、やがて孔子以外の業績を評価するときにも使われるようになった。

御曹司《おんぞうし》……どんな家の子供？

「御曹司」は、名家の子弟を指す言葉である。この「曹司」は、もとは宮中の部屋や大学寮内の部屋を指したが、後に意味が広がり、公家屋敷の子弟の部屋も「曹司」といわれ、やがて、その部屋で暮らす子弟が「御曹司」と呼ばれるようになった。

御寮人《ごりょうにん》……これで、裕福な家の若奥さんといった意味になるのは？

裕福な町家の若妻や娘を指す言葉。この「寮」は建物を意味し、「御寮人」は〝立派な建物の中に居る人〟という意味。もとは町家ではなく、お屋敷に暮らす貴人の子女を敬っていう言葉だった。

脚線美……誰がつくった言葉？

「脚線美」は、脚のラインの美しさを表す言葉。昭和四年、映画会社の松竹が「脚線美女優」を募集したことから、広まった。当時の蒲田撮影所所長、城戸《きど》四郎の造語とみられる。

加齢臭……資生堂が名付けた名前

中高年以上の人特有の体臭。加齢による脂くさい臭い。二〇〇〇年、化粧品会社の資生堂が皮脂に含まれるノネナールという物質が、その臭いの原因物質であることを発見。「加齢臭」と名付けて発表したことから、一般に広まった。いまは、一部の辞書にも掲載されている。

脱北者《だっぽくしゃ》……韓国で生まれ、日本では二十一世紀になってから使われるようになった言葉

北朝鮮から脱出した人。韓国では、一九九〇年代後半から使われはじめ、日本では二〇〇二年、中国の瀋陽で起きた日本総領事館に〝脱北者〟が駆け込もうとした事件以後、広く知られるようになった言葉。いまでは、広辞苑にも「脱北」が見出し語に採用されている。

学校で見聞きしている言葉のルーツ

遠足……最初の「遠足」を行った学校は？

学校行事の「遠足」を初めて行ったのは、東京師範学校。明治十九年、千葉への「長途遠足」を催している。ただし、それは、いまでいう修学旅行のようなものだった。いまのような「遠足」が学校行事として確立したのは、明治も後半になってからのこと。

運動会……最初にこの言葉を使った学校は?

日本初の〝運動会〟は、明治七年、海軍兵学寮で開かれたとされるが、そのときはまだ「運動会」という名ではなかった。明治十六年、大学予備門(いまの東大の前身)で「陸上運動会」が開かれ、それが「運動会」という言葉が使われた始まりとみられる。明治三十年頃には一般化し、各地の学校で「運動会」が開かれるようになっている。

音楽……もともとは雅楽を指した言葉

「音楽」は、古くは「雅楽」を指す言葉として使われていたが、明治十二年、文部省訓令で「音楽取調掛」が置かれ、西洋音楽を含めた楽曲など全般を指す言葉となった。

冒険……冒険小説ブームで定着した言葉

「冒険」は、中国では、もともと「危険を冒す」という意味で使われていた言葉。日本では、江戸時代までほとんど使われず、明治二十年代以降、翻訳小説で使われるようになった言葉。明治末からの「冒険小説」ブームで、日本語としても定着した。

摂氏《せっし》……「摂」は人の名だった

「摂氏」は、水の凝固点を零度、沸点を百度とした「摂氏温度」の略で、「摂」は人名の頭文字。摂氏温度の考案者はスウェーデンのセルシウスで、彼の中国名は「摂爾思」。「摂氏」はセルシウス氏という意味。

哲学……もとは「希哲学」だった

西周がつくった日本生まれの漢語。当初は「希哲学」と訳され、「哲」（物事の道理）を「希《こいねが》う」学問という意味だった。すぐに「哲学」と略されて、この名で定着した。

内閣……妻の部屋がいまの意味になるまで

「閣」には「たかどの」という訓読みがあり、「内閣」は古代の中国では、妻の居室という意味。それが、後に役所を意味するようになった。日本では明治期、英語のcabinetの訳語として使うようになった。行政の最高機関としての最初の「内閣」が置かれたのは、明治十八年のこと。

与党……もとは、政治とは関係のない言葉

「与党」は、もとは単に〝与《くみ》する仲間〟という意味。明治時代、政党政治が始まると、政権を支持する政党という意味で使われるようになった。一方、「野党」は、当初は「在野党」と呼ばれていたが、やがて「在」の字が略された。「与党」が二文字であることに合わせたとみられる。

経済……もとは人を救う意味だった

「経世済民」の略。「経」は治める、「済」は救うの意で、世の中を治め、民を救済することをいった。民を救うには、お金に関わる具体的な政策が重要なため、政治的な意味が薄れ、物の生産活動やお金の分配といった意味が強まった。

■読めますか？　書けますか？　使えますか？

穴場……もとは、釣りの言葉

「穴場」は、いい場所なのに、まだ人には知られていない場所のこと。いまは、観光地や飲食店に関して使うことが多いが、もとは釣りや漁業に関する言葉。まだ他の者には知られていない好い釣り場、好漁場を意味した。なお、競馬・競輪場では、馬券、車券などの売り場を「穴場」と呼ぶ。お金と馬券を交換する「穴」があいていることから。

楽屋……この「楽」は、音楽の楽

「楽屋」は、いまは俳優や歌手の控室を意味するが、もとは楽器を置いておく場所をこう呼んでいたという説が有力。その一方、舞楽を演奏する場所を「楽之屋」と呼んでいたことから生まれたという説もある。いずれにせよ、音楽と関係する場所だったことは間違いなさそうだ。

老舗《しにせ》……なぜ、これで「しにせ」と読めるのか?

代々続く伝統ある店を意味する「老舗」は、「仕似す」という動詞の連用形「しにせ」から生まれた言葉。「仕似す」は「似せる」、「真似する」という意味。代々続いている店では、子供が親の真似をし、その親もまた親の真似をしながら、商売を続けてきた。そこから「仕似す」ことによって続いてきた店を「老舗」というようになった。

居酒屋……もとは酒場ではなく、酒屋

江戸時代、酒屋のなかから、その場で酒を呑める店が現れ、そういう店には「居酒仕り候」、「居酒致し候」などと貼り紙されていた。やがて、そうした店は簡単な料理を出すようになり、「居酒屋」と呼ばれはじめる。その言葉が、いまでは

大衆酒場の総称として使われている。

花道……相撲の通路のことをこう呼ぶのは？

「花道」は、歌舞伎で役者が現れ、退場する道、あるいは相撲で力士が出入りする通路のこと。その語源は、相撲のほうにある。平安時代、帝が相撲を見る節会《せちえ》が催されていた。そのハレの日に、力士は頭に造花をつけて入場したという。「花道」は、その頭に花を飾って登場する力士の姿から生まれた言葉だ。

囲炉裏《いろり》……もともとは「居る居」

床の一部を四角に切り、暖房や煮炊きに使う場所のこと。「居る」と「居」（座席のこと）が重なって「居《い》る居《い》」となり、「囲炉裏」と当て字した後、音が「いろり」に変化したとみられる。「囲炉裏端」など。

印鑑……もとは、役所に届け出た印影見本のこと

「印」ははんこ、「鑑」は手本、見本という意味で、「印鑑」はもとは印影の見本という意味。江戸時代、関所や番所に印影を届け出ておくことがあり、その見本を「印鑑」と呼び、後に、はんこ自体も「印鑑」と呼ぶようになった。なお、「印鑑証明」は、実印の印影をうつした書類であり、「印鑑」が本来の意味で使われている言葉。

癇癪《かんしゃく》……「癇」も「癪」も、病気の名前

「癇癪」は怒りの発作のことで、「癇癪を起こす」などと使う言葉。もともと、「癇」はひきつけ、「癪」はさしこみ（急な腹痛）を表す漢字で、それらの症状が急に現れることから、突然湧きだす怒りにたとえたとみられる。中国の書物には登場しないので、日本生まれとみられる熟語。

壟断《ろうだん》……小高い丘と切り立った崖のこと

「壟断」は、利益や権力を独占することで、「行政を壟断する」などと使う。「壟」には「うね」や「つか」という訓読みがあり、小高い丘のこと。一方、「断」は切り立った崖のこと。「壟断」という語の出典は『孟子』で、古代中国で、ある男が市場全体を見渡せる丘に立ち、儲かりそうな相手を見つけては利益を独占したという話に由来する。「壟」を「聾」と間違えないように。

亀鑑《きかん》……手本という意味の言葉に、「亀」が出てくるのは？

「亀鑑」は手本、行動の基準となるもののこと。古代、「亀」の甲羅は、吉凶を占う道具として使われた。一方、「鑑」には「かがみ」という訓読みがあり、「武士の鑑」、「妻の鑑」などと使われる。そうした両語の意味から、「亀鑑」に「基準とする」という意味が生じ、「手本」という意味でも使われるようになった。

喫煙……「吸煙」とともに日本でつくられ、生き残った言葉

明治時代、英語などの欧米語を訳す際、複数の訳語がつくられることがあった。たとえば、タバコを吸うことを意味するsmokingは、当初「喫煙」とともに「吸煙」という訳語が使われていた。やがて、「吸煙」という言葉は廃れ、「喫煙」が生き残って現在に至っている。

急所……もとは「体」に由来する言葉

「急所」は、体の中の重要な場所、そこをやられると命が危険になる部位を意味した言葉。具体的には、「金的」を意味することが多い。そこから、体以外でも、物事の大切な場所、部分を意味するようになり、「急所を衝いた質問」、「急所を握られる」などと使われる。

電力……「電気力」を略した言葉

英語などの欧米語の訳語は、当初は三文字に訳されても、しだいに二文字に縮められる傾向がある。西洋服は洋服、電話機は電話、石炭油は石炭という具合だ。「電力」も同様で、もとは「電気力」と訳されていた言葉が、縮められて「電力」となった。

豹変……なぜ、「豹」が出てくる?

「豹変」は、中国古代の書『易経』にある言葉。もとの意味は「君子は、自分の過ちに気づくと、はっきりと改める」こと。つまり、もとは〝よい方向〟に変わることだが、いまは悪い方向への変化にも使う人が多い。この語に「豹」が登場するのは、その斑点がよく目立つことから。君子の変化したところは、豹の斑点のように明らかであるという意。

出世……〝えらくなる〟ことを意味するのは？

「出世」はもとは仏教用語で、仏が衆生を救うために、この世に出る（現れる）こと。後に、公家の子弟らが仏道に入ることを「出世」というようになる。彼らは名門の出であることから、僧になってもすぐに位が上がった。そこから「出世」に「地位が上がる」という意味が生じた。

上品……もとは「じょうぼん」と読んだ

これも、もとは仏教用語。「じょうぼん」と読み、極楽往生を九段階に分けて、徳の高い上位の三段階を「上品上生」「上品中生」「上品下生」と呼んだ。そこから、「上品」に「高尚な」、「品がよい」という意味が生まれた。

下戸……「酒を飲めない人」をこういうのは？

律令制では、家（戸）を大戸、上戸、中戸、下戸の四ランクに分けた。やがて、その言葉が、儀礼の際、官人らに与えられる酒瓶の数にも使われるようになり、多くの酒瓶を与えられた者は「上戸」、少ない者は「下戸」などと呼ばれた。後に、それが酒量を表すようになって、酒をよく飲める人を「上戸」、飲めない人を「下戸」というようになった。

成敗……なぜ、「敗れる」という漢字を使うのか？

鎌倉時代の武家法「御成敗式目」の「成敗」は、「善を成して悪を敗る」という意味。時がたつにつれて、もっぱら「悪を敗る」という意味で使われるようになり、やがて「処罰する」、「手討ちにする」という意味に使われるようになった。

眉唾……眉と唾が出てくるのは？

古代の日本では、唾に霊力があると信じられ、そこから「眉に唾をつければ、狐や狸に化かされないですむ」という俗信が生まれた。「眉唾」という言葉は、そうした唾に対する〝信仰〟から生まれた言葉。

■「人」をあらわす熟語の意外すぎる話

青年……ＹＭＣＡの初代会長がつくった言葉

明治十三年、東京ＹＭＣＡが創設された際、初代会長の小崎弘道《こざきひろみち》が、英語の「ヤング・メン」の訳語としてつくった言葉。若年、少年などと比較するなか、「青年」が採用されたという。

主婦……〝明治生まれ、大正育ち〟の言葉

「主婦」は明治時代、家の中の〝責任者〟という立場の女性という意味で使われはじめ、大正時代になってサラリーマン家庭が増えると、家事を担当する妻、今でいう専業主婦という意味で使われはじめた。なお、雑誌『主婦の友』が創刊されたのは、大正六年のこと。

彼氏……昭和生まれの言葉

「彼」という言葉は古代からあったが、「彼氏」は昭和になってからの造語。当時、話術の達人として知られていた徳川夢声が造語し、ラジオにのって大流行、その後も生き残り続けてきた言葉。

彼女……「彼」に比べると、はるかに新しい言葉

「彼女」は、幕末生まれの言葉。英語のｓｈｅの訳語として使われるようになった。幕末には「かのおんな」と読まれていたが、明治十年代から「かのじょ」という読み方で定着した。その後、「彼女ができた」など、恋人という意味でも使われるようになった。

愛人……西郷隆盛が座右の銘とした言葉

「愛人」は、いまは情事の相手を意味する言葉だが、もとは文字どおり、人を愛

することと。西郷隆盛は「敬天愛人」という言葉を座右の銘としていた。戦後、「情婦」に代わって、いまの意味で使われるようになった。なお、中国で「愛人」というと、妻からみた「夫」、夫からみた「妻」のこと。

恐妻……これも、徳川夢声の造語

夫が妻を恐れること。これも、話術家の徳川夢声の造語で、夢声が「共済組合」をもじって「恐妻組合」といったことから流行し、生き残ってきた。いまは、おもに「恐妻家」（妻に頭の上がらない夫）の形で使う。

裏方……もとは、芝居専門の言葉

もとは芝居関係の用語で、舞台裏で演出などにかかわる人を指した言葉。具体的には、演出家、脚本家、大道具、小道具などを指した。そこから、表に立たないで、業務を支援する人全般を指す言葉になった。なお、「裏方」の反対語は「表方」だが、これは芝居関係では、舞台上に立つ役者のことではなく、芝居小屋の経営や接客などをつとめる人を指す言葉。

記者……もとは、筆者という意味

「記者」は、中世からある言葉で、もとは今でいう筆者、文筆家のことだった。明治時代、マスコミが生まれると、「記者」は新聞や雑誌に「記事を書く者」という意味で使われるようになった。その後、番記者、事件記者、記者クラブ、記者会見など、新聞を中心としたマスコミ関係で使われてきた。

相棒……なぜ「棒」が出てくる?

人気刑事ドラマのタイトルにも使われているように、「相棒」はコンビを組む相手のこと。もとは、駕籠をともにかつぐ相手を指した言葉だ。駕籠に通した一本の棒の前後をかつぐ二人の息が合わないと、駕籠をうまく運べない。その駕籠の「棒」をとりもつ間柄から、「相棒」というようになった。

乙姫……長女か、次女か?

「乙姫」といえば、浦島太郎の物語に登場する姫、海底の龍宮城に住むという姫のことだ。ところが、もとは普通名詞で、兄姫《えひめ》に対する弟姫《おとひめ》のことで、妹姫を意味する言葉だった。そして、「乙」が「甲」に対する二番目であることから、「乙姫」と書くようになった。後に「妹」であることから、「若い」という意味が生じ、若く美しい姫を表す言葉になった。

亭主……これで、「夫」という意味になるのは？

「亭主」はいまは「夫」を指す言葉だが、もとは宿屋などの主人を意味した。「亭」には「建物」、「屋敷」といった意味があり、料亭名に添えることの多い言葉だった。そこから、料亭の主人らが「亭主」と呼ばれ、その意味が広がって、普通の家の主人も「一家の主」ということで「亭主」といわれることになった。

奥様……なぜ「奥」なのか？

人の妻のことを「奥様」というが、この「奥様」は江戸時代、位の高い武士の妻に対して使う言葉だった。上級武士の妻は、表に出ることが少なく、屋敷の奥まった場所で過ごしていた。いまのように、「人の妻への尊敬語」として使うようになるのは、明治になってからのことだ。

天敵……「天」から与えられた敵という意味ではない

英語のnatural enemyを訳した言葉で、つまりは「天然の敵」という意味。自然界で、ある生物にとって、大きな害をもたらす他の生物を意味する。昭和に入ってから、比喩的に使われるようになり、最も苦手な相手を指す言葉になった。

防人《さきもり》……「崎守」が語源

「防人」は、奈良・平安時代に、辺境の防備にあたった兵士のこと。おもに、東国から徴用され、北九州などの防衛にあたった。〝海の崎を守る人〟という意味で、「崎守」という音に「防人」という漢字が当てられたとみられる。

嬰児《みどりご》……なぜ、赤ん坊が「みどり」なのか?

「嬰児」と書いて、「えいじ」のほか、「みどりご」とも読む。七〇一年成立の大宝律令には、三歳以下の子供を「緑」と称するという規定があり、「緑児」と記した記録も現存する。緑が新芽や若葉の色であることから、生まれたばかりの子供という意味に使われたとみられる。

投手……投球者、投者などから選ばれた言葉

野球のpitcherは、明治前半には「投球者」や「投者」とも訳されていた。それが「投手」に定まったのは、明治三十年代以降のこと。なお、catcherのほうは当初は「受球者」や「受者」とも訳されていたが、同じ頃、「捕手」に統一された。

関取……この「関」は関門の関

いま、「関取」というと、十両以上の力士に対する敬称だが、昔は当時の最高位だった大関だけを「関取」と呼んだ。室町時代から、上位の力士を「関」と呼び、すべての「関」を倒して最高位についた力士を「関取」というようになり、それに「大」という尊称をつけて「大関」という言葉が生まれた。その後、「関取」のほうは意味が広がって、幕内・十両の力士全員に対して用いるようになった。

商人……国の名前だった「商」

「商」は、紀元前一二〇〇年頃、周に滅ぼされた殷の別名。そのため、殷の人は「商人」とも呼ばれていたのだが、彼らは国が滅んだ後、各地に散ってさまざまな商売を営んだ。それがきっかけになって、商いをする人を「商人」と呼ぶようなった。

呉服屋……「呉」は、国の名前

「呉服屋」は、和服を商う店のこと。この「呉」は、古代中国の三国時代の国名に由来する。その後、江戸時代になってから、衣服のなかでも、絹物を扱う店を「呉服屋」と呼ぶようになり、一般に定着した。

伴《ば》天《て》連《れん》……padre に漢字を当てた言葉

「伴天連」は、十六世紀にキリスト教が伝来した頃、日本を訪れた神父を指す言葉。ポルトガル語の padre（神父という意）に漢字を当てた言葉で、「伴天連追放令」などと使われる。後に、神父だけでなく、キリシタン全般を指す言葉としても使われた。

column

なぜそう書くの？「漢字」をめぐるおもしろ話

命令……「令嬢」「令夫人」などと使われるように、「令」には「よい」という意味がある。年号の令和の「令」も、この意味。「命令」の「令」も同様の意味で、「よいことを命じる」から「命令」。

親展……この「親」は「おや」という意味ではない。「親ら」で「みずから」と訓読みし、「親展」は「みずから開《あ》けてください」という意味。「親告罪」や「親政」も同様に、「親」が「みずから」という意味で使われている言葉。

不肖……「消る」で「にる」と読み、「不消」は、父や師に似ないで愚かなこと。「不肖の息子」、「不肖の弟子」などと使う。なお、「肖る」で「あやかる」と読むこともある。

陳腐……「陳い」で「ふるい」と読み、

「陳腐」は古臭いこと、ありふれていること。「陳腐な作品」、「陳腐なセリフ」などと使う。

莫大《ばくだい》……「莫かれ」で「なかれ」と読む。ただし、「莫大」は「大きくない」という意味ではなく、「(これほど)大きいものはない」という意味。

光沢……この「沢」は、小さな渓谷のことではない。「沢い」で「うるおい」と読み、「光沢」は光を反射する物の表面のうるおい、つやを表す。

拘泥《こうでい》……この「泥」は「どろ」ではなく、「なずむ」という意味。「泥む」で「なずむ」と読み、「拘泥」は物事にこだわり、とらわれること。

師事……この「事」は「こと」ではなく、「つかえる」という意味。「師事」は「師として事える」ことであり、そこから、「師として敬い、教えを受ける」という意味が生じた。「高名な作家に師事する」などと使う。

健啖《けんたん》……この「健」は、「健やか」という意味ではない。「健か」で「したたか」と読み、「健啖」は「したたかに(大いに)食べる」という意。

5　ルーツが気になる謎の言葉、ヘンな言葉

■その「名前」のルーツを知っていますか

シリウス……「焼き焦がすもの」という名

おおいぬ座のα星のこと。天空で最も明るく輝く恒星の一つであり、この星とペテルギウス、プロキオンで、いわゆる「冬の大三角」をつくる。シリウスは、ギリシャ語で焼き焦がすものという意。まるで、空を焼き焦がすように光り輝くことから、この名がある。

シンドバッド……この名前の意味は？

アランビアナイトの主人公の一人。「シンドバッド」は、アラビア語で「インドの風」という意味。貿易風に乗ってアラビアとインドの交易に従事したアラビア商人にふさわしい名といえる。

アメリカ……コロンブスの名がつかなかったのは？

アメリカ大陸の発見者は、むろんコロンブス。しかし、コロンブスは、新大陸に到達したものの、死ぬまでそこをインドと信じて疑わなかった。そして、新大陸は、イタリアの探検家アメリゴ・ベスプッチによって、あらためて新大陸と確認された。そこで、新大陸はアメリゴの名前にちなみ、アメリカと名づけられた。

リトマス試験紙……「リトマス」って、何のこと？

「リトマス試験紙」は、酸性かアルカリ性かを判別する試験紙。その歴史は古く、一四世紀には、ヨーロッパの錬金術師などが使っていた。当時は、リトマスゴケという苔からとれる色素をもとにしてつくられ、そのリトマスとは「染めるための苔」という意味。

サルモネラ菌……「サルモネラ」って、どういう意味？

食中毒の原因になるサルモネラ菌の名は、一九世紀のアメリカの獣医学者、ダニエル・E・サモンの名に由来する。サモンは、農林省の検査官をしていた一八八二年、この菌を発見、感染すると、下痢、嘔吐を起こし、急性腸炎になることをつきとめたのだ。その功績に敬意をはらって、その菌は「サルモネラ菌」と呼ばれるようになった。

バービー人形……なぜ、「バービー」？

バービー人形の考案者は、アメリカのハンドラー夫妻。彼らには娘がいて、その娘が着せ替え人形でよく遊んでいた。その姿を見て、ハンドラー夫妻は、新しい着せ替え人形を考案し、それが世界的なヒット商品になった。そして、その人形は、彼らの娘のバーバラの愛称「バービー」にちなんで、「バービー人形」と呼ばれることになった。

ドーベルマン……もともとはドイツ人の名前

「ドーベルマン」は一八八〇年頃、カール・ドーベルマンというドイツ人が生み出した犬種。彼は、より強く、より賢い犬を作るため、交配に没頭。一〇年かけて、彼にとって理想的な犬種を生み出し、その犬は彼の名前で呼ばれることになった。

カルキ……もともと、どういう意味？

オランダ語の kalk は、「石灰」という意味。また、漂白剤や水道の消毒などに用いるクロロカルキ（さらし粉）は、消石灰に塩素をまぜたもののことだが、こちらも日本では「カルキ」という略称で呼ばれている。

語源に見え隠れする「業界」事情

パチンコ……もとは、小石などを弾く遊具の名

「パチンコ」は、もとは二股の木の軸にゴムひもを張り、小石などを飛ばす子供の遊び道具のこと。弾くときの「パチン」という擬音語に、小さなものを意味する接尾語の「コ」がついた言葉だ。その名前が、球を弾くギャンブルに転用され、いまはもっぱらそちらの意味で使われている。

上がり花……どんな「花」か？

遊里や料理屋の隠語で、入れたてのお茶のこと。「お茶をひく」ことにつながる「茶」を避け、「お客が上がる」ことに通じる語を使った言葉。なお、上がったばかりを意味する「あがりばな」は、「上がり端」と書く。

ゲラ……仮刷りのことをこう呼ぶのは？

雑誌や書籍などの仮刷り、校正刷りのことを「ゲラ刷り」という。この「ゲラ」は、昔、地中海で軍用などに使われたガレー船に由来する。ガレー船では、漕ぎ手が船の両側に座り、長い櫂を動かした。活字を組んだ状態を漕ぎ手が並ぶ様子に見立てて、仮印りを「ガレー刷り」と呼ぶようになり、それがなまって「ゲラ」となった。

ルビ……ふりがなをこう呼ぶのは？

ふりがなを意味する「ルビ」は、宝石のルビーに由来する言葉。昔、欧米では、活字のサイズをダイヤモンドやパールなどの宝石名で呼び分けていた。その一つが「ルビー」であり、そのサイズの活字が、日本ではふりがなに使われたことに、この名は由来する。

千秋楽……なぜ興行用語に？

「千秋楽」は、もとは雅楽の一つで、哀調のある旋律を特徴とし、能狂言、芝居、法《ほう》会《え》の終わりに演奏された。最後の曲であるところから、後に「興行の最終日」という意味が生まれた。

銀幕《ぎんまく》……なぜ「金」ではなく「銀」？

映写幕は英語で「スクリーン」というが、かつては「シルバー・スクリーン」と呼ばれる映写幕もあった。布にアルミの粉を塗布していたからこの名がつき、それを邦訳して「銀幕」なり、映画そのものを意味するようになった。

梨園《りえん》……なぜ「梨」なのか？

歌舞伎の世界のことを「梨園」という。音楽や舞踊の愛好者だった唐の玄宗皇帝が、梨の木のある庭園で自ら教えたという中国の故事から生まれた言葉で、日本では近世に歌舞伎が成立すると、その世界を指す用語となった。

水商売……なぜ「水」がつくのか？

飲食店や酒場を意味する「水商売」の語源には、諸説ある。流れる水のように収入が安定しないからという説、かつて芸妓を「泥水商売」といったからという説、茶を飲ませて休憩させる水茶屋からきたという説などがある。

源氏名……『源氏物語』とはどんな関係？

「源氏名」は、本来は、平安時代以降の女官の呼び名。『源氏物語』五十四帖の巻名にちなんでつけられたところから、この名がついた。その源氏名、江戸時代になると遊廓でも使われはじめ、いまは風俗店などで働く女性につけられる呼び名にもなっている。

花柳界《かりゅうかい》……なぜ「花」と「柳」なのか？

遊女や芸者の世界のことを「花柳界」とよぶ。かつて中国で、遊女らがいる場所の出入り口に花や柳を植えたことから。やがて色里を意味する語として、「花柳」、「花柳界」という言葉が生まれ、日本では明治時代以降に定着した。

おいちょかぶ……「八」と「九」を意味する賭博用語

「おいちょかぶ」は花札賭博の一種で、「おいちょ」は「八」、「かぶ」は「九」を意味する。その賭博では合計数の末尾が「九」が最高、「八」が次によいことから。さらに、さかのぼると「おいちょ」は、スペイン語で「八」を意味する「ocho」に由来するという説もある。

倶利迦羅紋紋……「倶利迦羅」って何？

大きな入れ墨のことを言うが、厳密には倶利迦羅竜王を彫った入れ墨のこと。倶利迦羅竜王は不動明王の変化身で、竜が火炎の中の宝剣に巻きついた姿で描かれることが多い。「紋紋」は、「燃え燃え」が変化したとみられる。

ノミ行為……「蚤」ではなく、漢字で書けば「呑み行為」

「ノミ行為」は、競馬や競輪などのギャンブルで、主催者以外が馬券や車券などを売買する行為。マスコミでは「ノミ行為」と片仮名で書くことが多いが、漢字では「呑み行為」と書き、この「呑む」には懐に入れるという意味がある。そこから、賭け金を懐に入れることを「呑む」というようになった。

■言葉のインパクトを語源で読み解く

枢軸国……ムッソリーニの演説に由来する言葉

第二次世界大戦期、日本、ドイツ、イタリアの三国は「枢軸国」と呼ばれた。これは、イタリアの独裁者ムッソリーニが演説で使った言葉に由来する。ムッソリーニは、「ローマとベルリンを結ぶラインがヨーロッパの枢軸になる」と語ったのだ。そのため、日本は当初の「枢軸」とは関係がなかったのだが、後にドイツ、イタリアと三国同盟を結んだことで「枢軸国」の仲間入りした。なお、「枢」は開き戸を開閉する際、中心となるところ、「軸」は物が回るときの中心棒を意味し、合わせて「枢軸」は物事の中心を意味する言葉。

都市伝説……もともとは、社会学の概念

「都市伝説」は、根拠や出所ははっきりしないのに、世間に広まっている噂話。英語の「アーバン・レジェンド」という社会学の概念が、昭和の末頃、「都市伝説」と訳された。その後、人面犬や口裂け女の噂が広まるなか、定着、いまでは一部の辞書にも掲載されている。

ハプスブルク……どういう意味？

ハプスブルク家は、かつてオーストリアの皇帝の座にあった名家。ハプスは大鷲、

ブルク＝城で、「大鷹の城」という意味。同家はスイス北部の出身で、当初は山城を根拠地にしていた。

日本ハリストス聖教会……「ハリストス」って何のこと？
ロシア聖教会の流れを組む日本の正教会。ハリストスは、ロシア語で「キリスト」のこと。

婚活……二〇〇七年から流行りはじめた「〇活」
結婚活動、あるいは求婚活動の略語。理想の結婚相手を見つけるための活動。二〇〇七年、社会学者の山田昌弘氏らが考案した言葉。この言葉の流行をきっかけにして、就活、終活、朝活など、「〇活」という言葉が多数使われるようになった。いまでは、一部の辞書にも掲載されている言葉。

価格破壊……物価高の時代に生まれ、バブル崩壊で広まった言葉
商品・サービスの値段が〝破壊的〟に下がることで、城山三郎の経済小説『価格破壊』のタイトルに由来する。同小説が発刊されたのは、昭和四十四年のことだったが、この言葉が世に広まったのは、一九九〇年代のバブル崩壊以降のこと。いまでは、広辞苑にも載っている。

安全神話……阪神・淡路大震災で生まれ、東日本大震災で定着した言葉

裏付けや証拠がないのに、「安全」だと信じられていること。使われはじめたきっかけは、一九九五年の阪神・淡路大震災。当時、この地域の大地震は予想されていなかったことから、この言葉が使われるようになった。その後、二〇一一年の東日本大震災時の原発事故によって、原発の「安全神話」が崩壊。この言葉は社会に定着し、一部の辞書にも載る言葉となった。

風評被害……O157の集団感染事件の〝犯人探し〟から広まった言葉

根拠のない噂やデマによって、客足や売り上げが落ちることによる被害。この語が広く知られるきっかけは、一九九六年、学校給食などのO157の集団感染事件で一時、カイワレ大根が原因とされ（後に関係ないことが判明）、その風評に

よって売れ行きが激減したこと。その後、東日本大震災時の原発事故によって、東北地区の農水産物販売が長期にわたる風評被害を受けることになった。いまでは広辞苑にも掲載されている。

■知らずに使っている「しゃべり言葉」のルーツ

おあいそ……お勘定のことをこういうのは？

居酒屋などの勘定を意味する「おあいそ」は、「愛想尽かし」に由来する言葉。昔は、馴染みの店で、ツケをすべて清算することは、その店との付き合いを清算することも意味した。つまり、「おあいそ」とは「愛想が尽きた。もう来ないよ」という意味を含んでいたのだ。だから、いまも、お客から「おあいそ」という言葉を気軽に使わないほうがいい。

気をつけ……江戸末期の兵学者が生み出した言葉

「気をつけ」は、軍隊・警察の教練、学校教育などで使われる号令。この言葉を考案したのは、江戸末期の西洋兵学者の江川坦庵《たんなん》。天保十三年（一八四二）頃、「前へならえ」、「直れ」とともに、江川がつくったとみられている。

はず……「そのはず」などの「はず」の語源は？

「そのはず」などと使われる「はず」は、弓矢に由来する言葉。弓の弦《つる》に掛ける矢の端を「矢筈」と呼ぶ。「矢筈」は弦によく合うことから、「筈」に当然そうなることという意味が生じた。なお、相撲で脇の下を「筈」というのも、「矢筈」を語源とする。脇下を押すとき、親指と人指し指を矢筈のような形にすることから、脇の下を「筈」と呼ぶようになり、「筈押し」などの言葉が生まれた。

いいえ……どう変化して、こうなった？

「いいえ」の語源は、古語の「否《いな》」。その「いな」がなまって「いえ」になり、「いいえ」に変化したとみられる。

あばよ……「さようなら」と語源は同じ

「あばよ」は、「さようなら」と同じ言葉に由来する。「さようなら」は、「さようならば、これでお別れしましょう」というような別れ言葉が縮まったもの。一方、「あばよ」も「さようならば」↓「さらばよ」↓「あばよ」と縮まってできた言葉。

またぞろ……「ぞろ」って何のこと?

「またぞろ」を漢字で書くと、「又候」となる。「またにそうろう」がなまって、「またぞろ」となったわけだ。いまでは、「またぞろ、不祥事が明るみに出る」、「またぞろ、逮捕される」など、不祥事が重なる場合に使う言葉だ。

開け!ゴマ……なぜ「ゴマ」が出てくる?

アランビアンナイトの『アリババと四十人の盗賊』でおなじみの言葉。ゴマが登場するのは、ゴマが栄養豊富であり、しかも栽培の簡単な作物だから。この物語の生まれたアラビア地方でも、ゴマは古くから栽培されていたので、優秀な作物であるゴマを登場させることになったとみられる。

あかんべえ……もととなった言葉は？

「あかんべえ」をするとき、下まぶたを下げると、目の赤い色の部分が見える。その「赤い目」がなまって「あかんべえ」というようになった。地域によっては、「あかべ」、「あかんめ」ともいうが、いずれもルーツは「赤い目」。

オーエス……もとは、フランス海軍の言葉

「綱引き」の掛け声といえば「オーエス、オーエス」だが、それは、フランス海軍が帆船の帆を引き上げるときに使っていた掛け声に由来する語。もとの発音は、「オーイッセ（oh hisse）」に近く、「それ、引っ張れ」というほどの意味。日本に入ってきて「オーエス」に変化した。

らっせらー……ねぶた祭りの掛け声の意味は？

ねぶた祭りの掛け声といえば、「らっせらー」だが、その意味は「ろうそくを出せ」。いまの巨大ねぶたは電気仕掛けだが、昔はねぶたの中にろうそくを入れて照らしていた。祭りの前になると、子供たちが民家を回って、「ろうそく出せ」といって、ねぶた用のろうそくを集めていたのだ。その「ろうそく出せ」がなまり、「らっせらー」になった。

いととし……「思えばいととし」って言うけれど

卒業式で歌われてきた『仰げば尊し』の歌詞には、「思えばいととし」という一節がある。この「いととし」を、漢字で書くと「いと疾し」。「いと」は古語で「たいへん」、「疾し」は「早い」という意味だ。つまり、「思えばいととし」は、「過去（＝学校生活）を思うと、たいへん早く過ぎ去った」という意味。

駆けつけ三杯……なぜ、「三杯」なのか？

昔は、客をもてなすとき、一膳ごとに三杯の酒をすすめた。それをワンセットとして、三セット繰り返すことが、酒宴の作法とされ、「式三献《しきさんこん》」と呼ばれた。「駆けつけ三杯」はそこから生まれた習慣で、「（あなたは遅れてきたので）一膳目分の三杯の酒を飲んでください」という意味がある。

えいえいおう……もともとは一人で全部言わない

勝鬨《かちどき》に由来する。出陣前、まず大将が兵士らの前で、「えいえい」と叫ぶ。「えいえい」は「曳曳」と書き、力を入れるときに発する語。これを受けて兵士らは、「おう（応）」と答え、気勢をあげた。

○○もヘチマもあるものか……ヘチマが出てくる理由は？

この言葉に「ヘチマ」が出てくるのは、ヘチマの実が食用にならないことと関係しているとみられる。このフレーズでは、「○○」に価値のないものがはいるが、そのものと食用にならないヘチマを並べて、強調しているわけである。

ちゅうちゅうたこかいな……「ちゅうちゅう」はネズミの鳴き声ではない

「ちゅう」は双六《すごろく》用語の「重二《じゅうに》」が変化した言葉で、「重二」は二を重ねるから「四」の意味で、「ちゅうちゅう」はその「四」を重ねるから「八」。それに八本足のタコをひっかけた言葉だ。昔の子どもが十まで数えるとき、「二、四、六、八、一〇」と言わずに、「ちゅう／ちゅう／たこ／かい／な」と数えた。

はっけよい……どんな漢字なの？

もとは、「発気揚々」だったとする説がある。「元気を出せ」という意味で、これが「はっけよい」に変わったという。あるいは「八卦良い」という説もある。「八卦」は、もとは易の中心となる八つの図形のこと。

誰も教えてくれない〝正体不明〟の日本語

そんじょそこら……「そんじょ」ってどんな所？

「そんじょ」は、事物や場所などを具体的な名を挙げずに示したいときに用いる「その定《じょう》」が音変化したもの。この言葉を前につけることで、「そのあたり」を意味する「そこら」をより強調した言葉。

いちころ……「ころ」とは何？

「一撃でコロリ」を縮めた言葉。「コロリ」は、大阪を中心に「コロリと負ける（あっけなく負けるの意）」などと使われる。

ちんぷんかんぷん……わからなかったのは何？

「珍紛漢紛」と書くが、これは当て字。江戸時代、外国人の話す言葉をさっぱり理解できないまま、真似した言葉とみられる。あるいは、日本の儒者が難解な漢語を使うことをひやかし半分で真似た言葉ともいわれる。

しゃかりき……「釈迦の力」って本当？

漢字では「釈迦力」と書き、「釈迦」の「力」のこと。釈迦が苦しむ人を救うために、一生懸命にその大きな力をふるったことから、夢中になって何かに取り組むことをいうようになった。

がたぴしする……漢字で書けるか？

仏教世界の言葉「我他彼此」に由来。「がたひし」と読み、我と他、彼と此を対立的に見ることであり、そこから「物事がうまくかみあわない」という意味が生まれ、転じて、建てつけの悪さもいうようになった。

ちゃんぽん……「ちゃん」も「ぽん」も楽器

「ちゃん」は「鉦《かね》」、「ぽん」は「鼓《つづみ》」の音を表している。昔は、鉦は大衆的な祭り囃子に使われ、鼓は上品な能楽に使われるものだった。その意味で鉦と鼓は異質な楽器であり、そこから「別種のものを同時に用いる」という意味が生まれたとみられる。

ブス……もともとは毒薬の名前

「ブス」は漢字では「附子」と書き、もとは植物のトリカブトの根のこと。猛毒を含むトリカブトを誤って食べようものなら、顔はゆがみ、目は飛び出たようになってしまう。そこから、「ブス」は醜い面相を表す言葉になった。

しゃらくさい……「しゃら」って何のこと?

いまでは小生意気なことを意味するが、江戸時代には身につかないおしゃれを指した。「しゃらくさい」の「しゃら」は「洒落」であり、にわか成り金らが、通人の姿形を真似たところで、どこか俗っぽい。そんなありさまが「しゃらくさい」と呼ばれたのである。

チョン切る……「チョン」って何のこと?

昔は、芝居が終わると、拍子木がチョンチョンと討たれた。そこから、「チョン」におしまいという意味が生じ、それに「切る」がついて、「チョン切る」となった。

ちょっかいを出す……もともと、何のこと?

横から、口や手を出すこと。もとは、猫が前足でものをかき寄せようとする様子を意味し、それが人間にも使われるようになった。その様子から、横合いから口や手を出すという意味になった。

むやみやたら……「やたら」って何のこと？

「やたら」は、「夜多羅拍子」という雅楽に由来するという説が有力。夜多羅拍子は、テンポが早く、せわしない感じがする楽曲だった。そこから、むちゃくちゃな様子を「むやみやたら」というようになり、「むやみやたらと腹が立つ」などと使うようになった。

つくねん……「ねん」って何のこと？

「つくねん」は、なすこともなく、一人じっとしているさま。「つく」はつくづくの略、「ねん」は自然《じねん》や黙然《もくねん》の「然」で、「つく」に「然」をつけて漢語のように表した言葉。

てんこもり……「てんこ」って何のこと？

器にうずたかく盛ること。おもに関西で使われる言葉で、「てんこ」は天辺のこと。漢字で書くと、「天こ盛り」となる。

けんけん……片足跳びのことをこういうのは?

片足で跳ぶことを「けんけんする」という。「蹴る」がなまった「けん」を重ねて、こういうようになったとみられる語。

朝ぼらけ……「ぼらけ」って何のこと?

朝、空がほのかに明るくなる頃合い。「朝開き」がなまった言葉とみられる。いまは、おもに俳句や短歌で使われる言葉。

ジャンケンポン……最後の「ポン」の意味は?

「狐拳」、「箸拳」など、指や手、物などの形で、勝負を決める遊びを「拳」という。そのうち、ジャンケンは、グーの「石」から「石拳」と書き、これを「ジャンケン」と呼ぶようになった。そして、ジャンケンポンのの「ポン」は、麻雀の「ポン」と同じ語。中国語で「出会う」、「衝突する」という意味だ。

x……どうして未知数に使われる？

xを未知数として初めて使ったのは、フランスの哲学者であり、数学者でもあったデカルト。一説には、馴染みの印刷屋にxの活字が余っていたことから、それを使ったといわれる。確かに、普通の文章では、xの使用頻度は低い。活字が余っていたのも、うなずける話だ。

■それって一体なんでだろう？

お下がり……もとは、兄姉から下がってきたものではない

祭礼の際、神に供えたお神酒や供物は、祭りが終わると取り下げて、氏子《うじこ》らが食べることになる。その取り下げたものが、本来の「お下がり」だ。その言葉を兄や姉のお古にも使うようになり、一般にはこちらの意味で広まった。

おまけ……漢字ではどう書く？

「おまけ」は、商品などについてくる付録のこと。漢字では「御負け」書く。この「負け」という言葉は、「今日はおまけしておきます」というように、値引きをするという意味でも使う。「値引きする」ことの意味が広がって、「付録を付ける」という意味でも使われるようになった。

阿修羅……どんな神様？

インド神話の神で、サンスクリット語「asura」を漢字化したもの。帝釈天《たいしゃくてん》と戦うことから、闘争を好む悪神、鬼神とされる。ただし仏教では、仏法を守る天竜八部衆の一人。修羅場、修羅道などの「修羅」は、阿修羅の略。

こま犬……「こま」って何のこと？

「狛犬」と書くが、本来は「高麗《こま》犬」で、高麗は朝鮮半島にあった国の名前。一対の獅子を置く風習は、もとは古代エジプトやインドなどで見られたが、日本へは朝鮮半島を経て伝わったことから、一対の獅子や犬に似た像を、この名で呼ぶようになった。

のら猫……「どら猫」とどう違う？

「のら」は、「野」に接尾語の「ら」がついた言葉で、野原や田畑など、家ではない場所を指す。そこから、「のら猫」は、家で飼われていない猫のこと。一方、「どら猫」は、「のら猫」と同様の意味で使われるほか、盗み食いなどをする図々しい猫という意味合いも。「どら息子」から「どら」を流用した語とみられる。

もぬけの殻……「もぬけ」って何？

「もぬけ」は漢字では「蛻」と書き、蛇やセミが脱皮した後の抜け殻のこと。そこから、「もぬけの殻」で、蛇やセミなどが脱皮したあとのように、中が空っぽな様子を意味するようになった。

ざっくばらん……〝髪形〟に由来する言葉

気さくで、隠し立てしない人柄を指す言葉。江戸時代、「ざっくりばらり」という言葉があり、髪の毛が乱れている様子を指した。その飾らないさまが、やがて人柄を表す言葉としても使われるようになった。

日がな一日……「がな」って、何のこと？

「がな」は、強調を表す終助詞。「日がな一日」は、「日一日」の間に「がな」をはさんで、その長さや退屈さを強調した語といえる。「日がな一日、何もすることがない」などと使う。

行き当たりばったり……「ばったり」って、どういう意味？

前もって計画しないで、その場の成り行きにまかせることを「行き当たりばったり」というが、この「ばったり」は「場当たり」がなまった言葉という説が有力。あるいは、「ばったり倒れる」などの「ばったり」という説もある。

べた一面……「べた」って何のこと？

「べた一面」は、隙間なく、全体におよんでいるさまで、「べた一面に降り積もった雪」、「べた一面の焼け野原」などと使う。その「べた」は「ひた（直）」がなまった言葉で、隙間なく物が並ぶさまを表す。その一方、「べた」は「すっかり」という意味でも使われ、「べた惚れ」や「べた凪」はこちらの意味。

上っ調子……どんな調子のこと？

この語のもととなった「上調子《うわぢょうし》」は、三味線演奏で使われる言葉。合奏するとき、他の三味線よりも高い音域を担当する三味線を「上調子」というのだ。「上調子」が加わると、演奏が華やぐ反面、落ちつきのない感じも生じる。そこから、表面だけ調子のいいさまを「上っ調子」というようになった。

しっぺ返し……「しっぺ」とは何のことか？

「しっぺ返し」の「しっぺ」は、禅宗で使う法具の「竹篦《しっぺい》」のこと。竹篦は竹製の棒で、師匠が座禅の姿勢を崩した弟子を打つために使う。修行を積めば、竹篦を打ち返す側に立つからこの言葉が生まれたともいわれる。

へっぴり腰……もともとどんな腰のこと？

「へっぴり腰」は、おっかなびっくりで、腰の引けた状態を表す言葉。まるで、「屁《ひ》を放る」ような腰つきなので、「屁っぴり腰」と呼ばれるようになった。

ひとりぼっち……「ぼっち」って何のこと？

ひとりぼっちの「ぼっち」は、「法師」がなまった語とみられる。「法師」は、僧侶の敬称だが、男の子を意味することもある。そこから、ひとりしょんぼりしている男の子を「ひとり法師」、「ひとり坊主」と呼ぶうち、「ひとりぼっち」となまったとみられる。

おためごかし……もともとは、どういう意味？

「おためごかし」は、相手のためのようでありながら、じつは自分の利益を図ること。「おため」は、「あなたのためにならない」などというときの「ため」を丁寧にした言葉。一方、「ごかし」は、「ごまかす」という意味の動詞「こかす」が濁音化した言葉だ。

貧乏ゆすり……膝をゆすることと貧乏の関係は？

「貧乏ゆすり」は、自分の意思とは関係なく、膝が小刻みに動く状態。それが「貧乏ゆすり」と呼ばれるようになったのは、膝をゆする姿が、お金がなくて、空腹や寒さにふるえる姿に見えたからだろう。

やもめ……魚の「やまめ」とは、どんな関係？

妻に先立たれた男性を「やもめ」という。その語源をめぐっては複数の説があり、まず、「屋守男《やもりお》」が縮まって「やもめ」となったという説、魚の「山女魚《やまめ》」がなまったという説などがある。後者の場合、山女魚が群れをつくらずに単独で暮らす魚であることと、妻を亡くした夫が一人暮らす姿を結び付けて、「やまめ」と呼ぶようになり、やがて「やもめ」に変化したとみられる。

おちょぼ口……「ちょぼ」って、どういう意味？

「ちょぼ」は、「ちょっと」や「ちょぼちょぼ」などと同源で、「小さい」を意味する言葉。「おちょぼ口」は、小さく可愛い口、あるいは小さくつぼめた口のことで、「おちょぼ口で笑う」などと使う。

膝小僧……なぜ「小僧」にたとえられる？

「膝小僧」は、膝頭のこと。それを「小僧」と呼ぶのは、そこには毛が生えていないから。毛深い人も、その部分はつるつるなので、その姿形を「小僧」の剃った頭に見立てて、「膝小僧」と呼ぶようになった。

裸一貫……「一貫」って何の重さ？

資産がまったくなく、自分の体ひとつであること。「一貫文」（銭千文）の値打ちしかない裸身であるという意味で、「裸一貫から成り上がる」、「裸一貫から再出発する」などと使う。

猿芝居……昔は、本当に猿に芝居をさせることがあった

昔は、猿に衣装やかつらをつけて、歌舞伎などの真似事をさせる見せ物があり、

「猿芝居」と呼ばれていた。そこから、下手な芝居をからかう言葉になり、後に、すぐに見破られるような見え透いた企みを嘲っていう言葉になった。「猿芝居も、いいかげんにしてください」などと使う。

腹ぺこ……「ぺこ」って何のこと？

空腹であることを「腹ぺこ」というが、この「ぺこ」は腹が空くと、腹がぺこぺことへこむように感じることに由来するとみられる。ただ、別の説もあって、この「ぺこぺこ」は、「臍《へそ》」と関係するという見方もある。

どんでん返し……どんな返し方？

江戸時代、大坂に並木正三という戯作者がいた。並木は、歌舞伎の舞台装置の作り手でもあり、「がんどう返し」という仕掛けを考案した。それは床が九〇度後ろにひっくり返る仕掛けで、床が回るときには、大太鼓がドン・デン・ドン・デンと打たれた。そこから、その仕掛けは「どんでん返し」と呼ばれ、後に物事がひっくり返るさまを「どんでん返し」というようになった。

駆け落ち……もとは「欠け落ち」と書いた

「駆け落ち」は、いまでは、結婚を許されない恋人どうしが家出することを意味する言葉。もとは「欠け落ち」と書き、宗門人別帳から〝欠け落ち〟て、無宿人になることを意味した言葉だ。

一点張り……もともと、どうすること？

サイコロ賭博で、一つの目だけにかけて、高配当を狙うことを「一点張り」という。そこから、一つのことを頑固に続けること、あるいは頑な態度を崩さないことを「一点張り」というようになった。「知らぬ存ぜぬの一点張りだ」のように使う。

宛てがい扶持……もとは、下級家臣向けの給与

「扶持」は扶持米を略した言葉で、下級の家臣向けの給与を意味する言葉。「宛てがい扶持」は、雇い主が雇い人に与える手当てのことで、最低限の賃金といったニュアンスがある。なお、「宛てがう」は、適当なものを与えるという意味で、「仕事を宛てがう」などと使う。「当てがい」と書くのは間違い。

■どんな評価？　どんなタイプ？

立て役者……もともと、どんな「役者」のこと？

「立て役者」はもとは芝居用語で、一座の中心となる役者のこと。その言葉が芝居以外でも使われるようになり、中心となって活躍する者全般を指すようになった。「彼こそ、今回のプロジェクト成功の立て役者だ」などと使う。

似たりよったり……「よったり」って何のこと？

「似たりよったり」は、「似たりたる者が寄りたり」がなまった言葉。意味は、同じ程度の力の者が寄り集まっていることで、その語が短縮されて「似たり寄りたり」となり、「似たりよったり」と変化した。

へそまがり……この「へそ」は、体の真ん中の臍ではない

この「へそ」は、お腹にある臍ではなく、紡いだ糸を何重にも糸巻きに巻き付ける「綜麻《へそ》」を指している。性格のひねくれた人が糸を巻くと、曲がってしまうといわれ、そこから、ひねくれていて、偏屈な人のことを「綜麻曲がり」というようになった。

じゃじゃ馬……「じゃじゃ」って何のこと?

この「じゃじゃ」は、「いやじゃ、いやじゃ」を略した言葉。「じゃじゃ馬」は、もとは、人になつかない暴れ馬のことで、その性質から「人のいうことをきかず、扱いが難しい女性」に対しても用いられるようになった。

やじ馬……もとは、「おやじ馬」

「おやじ馬」を略した言葉という説が有力。年をとった牡馬は、群れの後ろをついて歩くようになる。そこから、人の尻についていく人を「おやじ馬」と呼び、それが略されて「やじ馬」というようになったという。後に、その語が、騒ぎが起きると見物に集まってくる者を指すようになった。

尻切れトンボ……トンボが出てくる理由は？

トンボは、尻が切れると、飛べなくなり、死んでしまう。そこから、物事を途中で辞めたり、中断することを「尻切れトンボ」というようになった。

お節介……中世に使われた料理道具が語源

すり鉢の内側についたものを掻き出す、「切匙《せっかい》」という道具が語源という説が有力。すり鉢の溝を道具で掻くさまが、他人の生活に干渉する様子のようであることから。それに、「節介」という漢字が当てられた。

せっかち……もともとは「せきがち」だった

「あせる」という意味の「急《せ》く」に、～しがちの「勝ち」が合わさった「急《せ》きがち」が「せっかち」に音変化したとする説が有力。落ち着きがなく、先を急いで気ぜわしいことや人を指す言葉。

杓子定規《しゃくしじょうぎ》……融通がきかない人をこう呼ぶのは？

「杓子」は、湾曲した形をしたしゃもじのこと。そんなものを定規にしても、まっすぐな線は引けない。そこから、ルールなどにとらわれ、応用がきかない役立たずの人をこう呼ぶようになった。

三日坊主……どんな坊さんがいたのか？

昔は、仕事がうまく行かなかったりすると、仏門に逃げ込む人がいた。むろん、そんな気持ちで仏につかえても、すぐに俗世が恋しくなってしまう。そこから、飽きやすく、長続きしない人のことを「三日坊主」と呼ぶようになった。

ぴか一……「ぴか一」の「ぴか」って何のこと？

「ぴか一」は、花札遊びから出た言葉。花札では、二〇点札のことを「光物《ひかりもの》」と呼び、カス札の中に一枚だけ光物が混じることを「ぴか一」という。そこから「多くの中で抜きん出ている」という意味が生まれた。

でたらめ……語源はサイコロ賭博にあり

「でたらめ」は、サイコロを振ったら「出た目」のままにするという意味。そこから「思いつくままにしゃべる作り話」や「根拠がなく首尾一貫しないいいかげんなこと」を「でたらめ」というようになった。

お茶の子さいさい……「お茶の子」って何?

「お茶の子」は、茶菓子のこと。簡単に手にはいり、腹にたまらないものであるところから、物事が容易なことを意味するようになった。「さいさい」は、俗謡の囃子詞《ことば》であり、言葉を調子づけるための語。

おじゃん……「じゃん」とは何をあらわしているのか?

「おじゃん」の語源は、江戸時代に使った半鐘の音にあるという説が有力。火事が鎮火したときに「ジャンジャン」と半鐘を鳴らしたことから、物事が途中でだめになることや失敗に終わることを意味するようになった。

門前払い……どこの門のこと？

「門前払い」の「門前」とは、奉行所の門前のこと。そこから追放されるのは、江戸時代の刑のなかでは、もっとも軽い部類だった。やがてそれが比喩的に使われ、訪ねてきた人を会わずに追い返すという意味で使われるようになった。

ちょっと使いにくい!?　日本語

お陀仏《だぶつ》……仏との関係は？

「陀仏」は、「阿弥陀仏」の略。臨終の間際には、極楽往生を願って、「南無阿弥陀仏」と唱える。そこから「お陀仏」に「死ぬ」という意味が生まれ、さらには

「駄目になる」という意味にも広がった。

どんちゃん騒ぎ……「どんちゃん」って何？

「どんちゃん騒ぎ」の「どんちゃん」とは、歌舞伎などのにぎやかな場面で「どんどん、じゃんじゃん」と鳴らす太鼓や鉦の音のこと。それが、酒を飲みながら大騒ぎして遊ぶ様子を表す言葉になった。「どんちき騒ぎ」ともいう。

ビタ一文……「ビタ一文」の「ビタ」とは？

「ビタ一文」の「ビタ」とは、すり減ってつぶれてしまった「ビタ銭」のこと。質の悪い銭で価値がなかったために、ビタ銭は四枚で普通の一文に相当した。そこから「ほんのわずかなお金」を意味する言葉として使われるようになった。

首っぴき……もとは首を引き合う遊びのこと

かつて、自分と相手の首に輪をかけて、お互いに引き合う遊びを「首引き」といい、「首っぴき」とも呼ばれた。そこから、両者が懸命に向き合う姿から、あるものと向き合い、そこから離れず物事を行うという意味が生まれた。

骨抜き……抜くのは何の骨？

魚や鳥を料理するとき、その骨を抜き去ること。骨は「中心」とか「肝心」という意味でも使われることから、「骨抜き」に、肝心の部分を抜き去り、内容のないものにするという意味が生まれてきた。

どすのきいた声……「どす」は「脅す」の略語

人を脅すときには、どすのきいた声を使うものだが、この「どす」は「脅す」を略したもの。なお、短刀をドスと呼ぶのも、同じ理由から。ヤクザ者らが短刀で人を脅したことに由来する。

七面倒……なぜ、「七」なのか？

「面倒」の語源は「め（目）だうな」。「だうな」は「無益」という意味で、「めだうな」は「目にするのも無駄だ」という意味になる。一方、「七」は、数としての意味があるわけでなく、接頭語として語呂のよい数字をつけたようだ。

ひょっとこ……なぜ口を尖らせている？

東北地方の伝説に、薪がなくて困っている少女に、老人が薪を与えたところ、お礼に火おこしが得意な少年をもらったという話がある。この少年の顔を模した口を尖らせたお面を「火男」と呼び、これが音変化して「ひょっとこ」になった。

いかさま……「いかさま」の「いか」とは何か？

「いかさま」は、「如何」の「いか」と、「様子」の「さま」が合わさってできた言葉で、「どのように」という意味をもつ。それが転じて「どう見てもその通りである」という意味に変わり、人に本物だと思わせるものを「いかさま」というようになった。

ピンはね……語源はポルトガル語

「ピンはね」の「ピン」は、「点」を意味するポルトガル語の「ピンタ」が省略されたもの。日本では十七世紀頃から、「最初」や「頭」という意味で広まり、やがて「上前をはねる」という意味で「ピンはね」という表現が使われるようになった。

縄張り……何のために縄を張るのか？

「縄張り」の縄は、もとは土地の境界線を定めるために張り巡らされたもの。そこから「縄張り」は、図面どおりに縄を張ることを意味する建築用語となり、さらに転じて、勢力範囲や専門領域を表す語となった。

ほらをふく……語源をめぐる二つの説

山伏や武士が法螺貝を吹いたことに由来する言葉。まず山伏は、山に入るとき、熊などを追い払うため、法螺貝を吹いた。一方、武士は、戦場で敵を威嚇するために吹いた。ともに、威嚇するという意味があるところから、「法螺を吹く」で、実力以上に見せかけるという意味が生じ、やがて嘘をつき、おおげさに語るという意味が生じた。

■そういう「悪口」があったんだ

たいこもち……これで、男芸者を意味するのは？

「幇間《たいこもち》」は、酒席で、お客の遊びに興を添える男芸者のこと。比喩的に、人にへつらい、気に入られようとする者を指す。「たいこもち」という〝職名〟は、男芸者たちがその場を盛り上げるため、「太鼓」を叩いたことに由来するとみられている。

茶坊主……おべっか使いをこう呼ぶのは？

「あいつは、社長の茶坊主だ」などと使う「茶坊主」は、権力者におもねる者のこと。もとは、室町時代から江戸時代にかけての職名で、城中などで茶の給仕を務める者を指した。彼らは僧侶ではなかったが、剃髪していたところから、「坊主」と呼ばれた。

大根役者……なぜ「大根」が出てくる？

「大根役者」は、下手な役者に対する悪口。その語源をめぐっては、複数の説があり、まずは、下手な役者は「しろうと」同然であるところから、「しろうと」と大根の白さをかけたという説。または、大根はいくら食べても食当たりしないところから、「当たらない役者」とシャレたという説もある。

朴念仁《ぼくねんじん》……ものわかりの悪い人をこう呼ぶのは？

「朴念仁」は、いまは悪口に近い言葉で、ものわかりの悪い人や、無口で愛想のない人を指す。ところが、もとは、それほど悪い意味ではなかった。「朴」は切り出したままで、手を加えていない材木、「念」は「思う」、「仁」は「人」のことであり、「朴念仁」は、昔は「飾り気がなく、素直に物事を考える人」という意味だった。

ごんた……手に負えない子供をこう呼ぶのは？

無頼漢や手に負えないいたずらっ子を指す言葉。浄瑠璃『義経千本桜』の作中人物、「いがみの権太」の名に由来する。なお、いがみの権太は、無法者でありながらも、最後には改心する役柄。

へなちょこ……「へな」って、どういう意味？

この「へな」は、漢字では「埴」と書き、粘り気のある黒粘土のこと。「へなちょこ」は、「へな」製の猪口のことで、あまり質のいいものではない。一説には、明治時代、その猪口で酒を飲んでいた人が、酒を注いでも焼きの甘い猪口が酒を吸ってしまうことから、「このへなちょこめ！」とけなしたという。その言葉が粗末なもの、未熟者を表す言葉となって広まったという。

ちょこざい……お酒との関係とは？

漢字では、「猪口才」と書く。「猪口」は、もとは「ちょく」といい、口が広く底のすぼまった小さな容器で、やがて小型の杯を指した。その小さな杯程度の才能を小生意気と思ったとき、「猪口才」というようになった。

ふしだら……「しだら」って何のこと？

一説によると、「しだら」は歌や舞に合わせて手拍子を打つこと。その手拍子が揃わないことを、「不」をつけて「ふしだら」といい、けじめがないという意味に広がったという。その一方で、「しだら」はサンスクリット語の「修多羅」（秩序という意味）に由来するという説もある。

やぼ……この言葉の語源となった神社とは？

江戸時代、武蔵国の谷保天満宮が、江戸で開帳したことがあった。しかし、その段取りなどを江戸っ子には不粋に思った。以後、「谷保天満宮」は垢抜けないことのシンボルになり、「やぼ」は不粋なさま、垢抜けないさま、融通のきかないさまを表す言葉になった。「やぼ」を「やぼてん」というのも、「谷保天満宮」を縮めた言葉だ。

でくのぼう……「でく」ってどんなもの？

漢字では「木偶の坊」と書き、「木偶」は木彫りの粗末な人形のこと。かつて、傀儡《くぐつ》師《し》が木偶を操ったことから、操られるような人を「木偶」、「木偶の坊」というようになった。むろん、操られるような人には、役立たずで、気のきかない人が多い。そこから、「でくのぼう」は、役に立たない人を罵る言葉になった。

ぼんくら……漢字で「盆暗」と書くのは？

もとは賭博の世界の言葉で、漢字では「盆暗」と書く。博打用の盆の上で出るサイコロの目などを読む力の暗い人を「盆暗」と呼び、それが一般に広まって、物事の先を見通せない人、ぼんやりした人を罵る言葉になった。

のろま……人形浄瑠璃の人形の名前から

江戸時代、人形浄瑠璃の人形遣いの名手に、野呂松勘兵衛という人がいた。彼が間抜けな役柄の人形を操ることを得意としたところから、彼が操る人形は「野呂松人形」と呼ばれ、そこから愚かなこと、動作が鈍いこと意味する「のろま」という言葉が生まれた。

おてんば……元気に飛び跳ねる馬が語源

活発に行動する娘のことを「おてんば」というが、これは跳ね回る馬のイメージからきている。「御伝馬」と呼ばれた将軍家の馬が、いつもいい餌をもらい、元気だったことから、跳ね回るように活発な女性をおてんばと呼ぶようになった。

こけおどし……「こけ」って何のこと？

「こけおどし」の「こけ」の語源は、実態がなく、空虚なさまを表す仏教語の「虚仮」。それが転じて、見かけは立派だが、中身がないという意味の「こけおどし」という言葉が生まれた。

三下《さんした》……もとは「バクチ言葉」

「三下」とは、「取るに足らない者」、「下っ端の者」という意味。博打では、「三」より下の「一」や「二」の数が出たときは、勝ち目がないことから。「三下奴《やっこ》」

も同じ意味で使う。

かまとと……こんな女性はかわいくない

「かま」は、蒲鉾の略。「とと」は魚を指す幼児語。蒲鉾が魚のすり身でできていることは常識なのに、さも知らないふりをして「蒲鉾は、ととなのか？」と聞くことを、知っているくせに知らないふりをして、ウブを装う女性にたとえた。

どら息子……どんなことをする息子？

この「どら」は打楽器の「銅鑼《どら》」。銅鑼は時を知らせる鉦《かね》として使われたため、遊《ゆう》廓《かく》では「カネを尽く」と「銅鑼を撞《つ》く」をかけ、客が散財することを「銅鑼を打つ」といった。転じて怠け者の放蕩息子を指すようになった。

札つき……どんな札がついている？

この「札」は、江戸時代の人別帳につけられた印のこと。素行が悪く、親から勘当されそうな人物は、あらかじめ「札」をつけて要注意人物とした。そこから

「札つきの悪党」など、悪い評判の人物を指していうようになった。

たわけ者……どんなことをする人？

一説では、もとは「田分者」と書き、文字どおり、田んぼを分ける者を指した。農民が子どもたちに田を分ければ、一人あたりの田は少なくなる。場合によっては食うにも困るようになることから、愚か者のたとえとして使うようになったといわれる。

姥《うば》桜……「おばあさん桜」って、どんな桜？

もとは彼岸桜など、葉が出るよりも先に花が咲く桜の俗称。花の盛りに「葉」がないのを「歯」のない姥にかけた。現代では、年をとっているのに、若づくりしている女性を指す。

黒幕……歌舞伎の舞台裏の用語から

黒幕は、もとは歌舞伎で舞台の転換時に舞台を隠したり、闇を表す際に用いる黒い幕のこと。黒幕の裏で、さまざまな仕掛けが行われたり、邪魔なものを隠したりすることから、表面に出ないで指図したり、画策する人を指すようになった。

馬の骨……馬が選ばれたのは？

素性のわからない者を指す言葉「馬の骨」。動物の中でも、とくに馬の骨が選ばれたのは、中国で鶏の肋骨と並んで、役に立たないものとされたから。大きい分、鶏の肋骨よりも邪魔で、馬の骨は甚だはた迷惑なものの代名詞だったのだ。

爪弾《つまはじ》き……何のために弾くのか？

もとは「弾指《だんし》」といい、仏教の世界の風習だった。人指し指や中指を親指の腹に当て、強く弾くことで、警告や忌避の意を表した。それが嫌悪や軽蔑の意を表すものに変わり、ある人を忌み嫌って排斥するという意味となった。

6　その言葉になったのには理由がある

■カタカナ語は、語源を知るともっとよくわかる

アクロバット……もともと、何語？

サーカスなどで行われる軽業、曲芸。ギリシャ語のアクロス（先端）とバトス（行く）を組み合わせた「爪先で歩く」という意味の言葉に由来する。当初は、おもに爪先立って綱の上を歩く「綱渡り」を指した言葉。

インフルエンザ……占星術師らがつけた名前

急性の呼吸器感染症。十六世紀のイタリアでつけられた名で、もともとの意味は「星の影響」。昔の占星術師が、天体の運行の影響によって、この病気が発生するものと考えたところからのネーミング。

バカラ……こちらは「0」という意味

カードゲームの一種。二〜三枚のカードの数の合計の一桁目が9に近い者を勝ちとする日本のオイチョカブに似たゲーム。こちらは、イタリア語で「ゼロ」を意味する名前。

トトカルチョ……もともと、どんな意味？

イタリアでは一九四六年、戦後復興とローマ五輪の財源を確保するために、サッカーくじが導入された。その名称が、いまも残る「トトカルチョ」。イタリア語で、「トト」はボールまたは賭け事、「カルチョ」は足を意味する。

ロミロミ……「ロミ」って、どういう意味？

ハワイ式のスパなどで行われるマッサージ。神官らの間で受け継がれていた医療行為をベースにしているという。「ロミ」は、ハワイ語で「揉む」、「押す」、「擦る」といった意味。

ウノ……イタリア語で1という意味

カードゲームの一種で、その名の意味は、イタリア語で数字の「1」。いまのルールは、一九七一年、アメリカの理髪店主のマール・ロビンスが考案したもの。

ルーレット……小さな輪という意味

カジノなどで行われる賭け事の一種。フランス語の「小さな輪」という意味の言葉に由来し、そこから回転盤を意味する。

ドン……「業界のドン」など、これで親分を意味するのは?

「政界のドン」、「財界のドン」などと使われる「ドン」は、スペイン語に由来する言葉。もとは、貴族の名につける尊称だったが、やがて親分、首領など、権力も持つ者という意味が生じた。なお、セルバンテスの小説で有名な『ドンキホーテ』は、キホーテに「ドン」がついた名なので、ドンキ・ホーテではなく、ドン・キホーテと切って読むのが正しい。

ハロウィン……ハロ・ウィンではなく、ハロウ・イン

ハロウィンは、十月三十一日に行われる例の祭り。Halloweenと綴り、hallowは「神聖」、eenはイブニング（夕方）という意。古代ケルト人の暦では、新年は十一月一日から始まり、その前日の〝大晦日〟に、死者の霊をまつる風習があった。それが収穫祭と融合して、カボチャの提灯などを飾る祭りとなった。それが、世界に伝わるうちに、日本では馬鹿騒ぎをする日となった。

ヤッホー……どこからきた言葉？

山で叫ぶ「ヤッホ〜」という言葉は、もとはドイツ語。「Johoo」とつづり、発音は「ヨッホ〜」に近い。近代登山が始まった頃、ヨーロッパ・アルプスを登山した人たちが使い始めたといわれる。

マフィア……もともとは、どういう意味？

一八八二年三月、イタリアのシシリー島で、フランス兵の暴行に対する抗議行動が起きた。そのときの合言葉が、「Morte alla Francia, Italia anela!」（フランス人

を殺せ。これぞ、イタリアの叫びだ)。この言葉の各単語の頭文字を並べて、「Mafia」になったという説が知られるが俗説で、語源は不明。いつのころからか、シシリー島で生まれたギャング組織の名前として知られるようになった。

フリーマーケット……「自由な市場」のことではない

Free Market と綴ると、「自由市場」という意味の経済用語。参加者が品物を持ち寄って売るマーケットは、英語では「Flea Market」と書く。Flea とは蚤のことであり、Flea Market は「蚤の市」のこと。

マドンナ……あこがれの女性をこう呼ぶのは?

いま、「マドンナ」というと、憧れの女性という意味で使われるが、もともとは、イタリア語で聖母のこと。つまり、イエス・キリストの母マリアのことである。

マグニチュード……もともとは、どこの語?

地震の大きさを表す「マグニチュード」は、もとは英語で「大きさ、多量」という意味の単語。一九三〇年代、アメリカの地震学者チャールズ・リヒターが、その単語を地震のスケールを表す用語として使いはじめた。

アルバイト……もともと、どういう意味？

「アルバイト」は、もとはドイツ語で「労働、仕事、作業」という意味。それが、日本では戦後、学生が学業の合い間に働くことを意味するようになった。最初は、学生の間の流行語、隠語として使われ、それが一般にも広まり、やがて「バイト」と略された。

ハネムーン……新婚旅行のことをこう呼ぶのは？

「ハネムーン」のスペルは、honeymoon。日本語に訳すと「蜜月」であり、そのルーツはスカンジナビア地方にある。昔、北欧の人々は、結婚すると、子作りに励むためのスタミナ源として、一か月の間、蜂蜜酒を飲みつづけ、その月をハネムーンと呼んだ。もともとのハネムーンは旅行ではなく、蜂蜜酒を飲む期間を意味したわけだ。

ロードショー……映画と「ロード」(道路)の関係は?

ロードショーは、芝居の旅興行(on the road)に由来する言葉。かつてアメリカでは、新作映画は、まず地方都市で上映して、観客の反応を調べ、評判がよければ、全米で公開した。その地方での上映のことを旅興行に見立てて「ロードショー」と呼んだのだ。

コンパ……飲み会のことをこういうのは?

「コンパ」とは「飲み会」のことだが、その語源は、英語の「カンパニー(company)」。というと「会社」という意味が思い当たるが、カンパニーには「会合、交際、交友」といった意味も。そこから、昔の学生たちは、「カンパニー」を略して「コンパ」という学生言葉を作りあげた。合コンは、合同コンパの略語。

ジンクス……縁起が悪いときにしか使えないのは?

「ジンクス(jinx)」の語源は、ギリシャ語の「イユンクス(jugx)」。「イユンクス」

は、古代ギリシャで、魔術用の生贄《いけにえ》に使われていた鳥の名前だ。そこから、派生したジンクスに「人間の力では到底およばない運命的な不吉な物事」といった意味が生じた。だから、「ジンクス」という言葉は、縁起が悪いこと専用に用いるのが、正しい使い方だ。

■モノをあらわすカタカナ語のルーツ

ハトロン紙……もともと、何に使った紙？

包装紙や封筒などに使われる光沢のある紙。もとは、ドイツ語で「薬莢を包む紙」という意味で、そこから丈夫な西洋紙の総称となった。

ラーフル……これで、黒板消しを意味するのは？

西日本の一部では、黒板消しのことをこう呼ぶ。オランダ語の「こする」という意味のrafelに由来する名前で、学校用具の業界でも使われている名前。

オパール……もともと、何語？

さまざまな色の現れる鉱物・宝石。古代のサンスクリット語で「宝石」を意味する「ウバラ」が転訛した名とみられる。十月の誕生石で、和名は蛋白石。この「蛋白」は卵の白身という意味。

パラシュート……落下傘のことをこういうのは？

「パラシュート」は、英語ではなく、フランス語のpara（～から守る）とchute（落ちること）の合成語。1783年、その原型となるものを制作したフランス人のレノーマンによる命名。なお、パラソルやパラゾールの「パラ」も、同様に「守る」という意味がある。

メリーゴーラウンド……もともとはどういう意味？

メリーゴーラウンドは、フランスで考案され、同国やドイツ、イタリアでは、「カルーセル」という名前で親しまれている。一方、メリーゴーラウンドは英語由来の名で、「メリー」は陽気な、楽しいという意味。ゴーラウンドは「回る」で、全体の意味は「楽しく回ろう」ということになる。

チップ……何の頭文字の略？

ボーイやウエイトレスに渡す「チップ」は、英語で書くと「tip」。To insure promptuess（早さを保証するために）の頭文字を並べたものだ。もともとは、他の客より早くサービスを受けられることへの保証金として渡したものだったのだ。

ホッチキス……機関銃との関係とは？

文房具のホッチキスの名は、発明者のアメリカのベンジャミン・ホッチキスの名に由来する。彼は、もともと文房具ではなく、機関銃の発明家だった。機関銃の弾丸を薬室に送り込む装置と、ホッチキスの針を送る装置の仕組みには、似たような原理が使われていた。彼にとって、ホッチキスは機関銃の副産物のような発明品だったといえる。

ミシン……なぜマシンではない？

ミシンは、明治初期には、英語のまま、sewing-machineと呼ばれていた。それが「machine」と略され、アメリカ流の発音を真似て「ミシン」と呼ばれるようになった。一方、機械全体を意味する場合は、「machine」をローマ字読みして、「マシン」と呼び、日本では「ミシン」とは別の言葉になった。

ピアノ……弱いという意味の単語が楽器名になるまで

ピアノは一七〇九年頃、チェンバロを改良して生まれた楽器。その新楽器の特長は、鍵盤を打つ強さによって、音の強弱を変えられるところだった。そこで発明者は、その新楽器に、clavicembalo col piano e forte（弱い音も、強い音も出せるチェンバロ）と名づけた。その後、piano e forte（弱い音と強い音）と略され、さらに縮まって「ピアノ」となった。

■日常のカタカナ語のルーツ

シルエット……倹約家の名前から

「シルエット」は、一八世紀のフランスの蔵相エティーヌ・ド・シルエットの名に由来する。この蔵相が、財政難から極端な倹約攻策をとったため、画家までもが白黒の絵を描くようになったという。そこから「シルエット」は、「影絵」を意味する言葉になった。

ニコチン……ニコチンの「ニコ」とは？

フランスに初めてタバコを紹介したフランス使節ジャン・ニコの名に由来。彼の名前をとって、タバコという植物は「ニコチアナ」と呼ばれるようになった。ニコチンは、その植物の含む物質名。

トランプ……正しい名称は「プレーイングカード」

カードゲームで遊ぶ外国人が、しばしば「切り札」という意味で「トランプ」というので、それを見た明治初期の日本人が名付けた。日本でいう「トランプ」の正式名称は、「プレーイングカード」。

ボイコット……アイルランドの農場主の名前から

一九世紀のアイルランドに実在したボイコット大尉の名に由来する言葉。ボイコット大尉は、小作人から排斥された農場の支配人だった。その名が一般語化して、「排斥」、「不買同盟」という意味で用いられるようになった。

ピエロ……フランスの男子の名前から

サーカスの道化役「ピエロ」の語源は、フランスの男子名「ピエール」。即興喜劇に登場するあわてん坊でおっちょこちょいの召使役が、フランスではピエールの愛称ピエロと名乗って人気が出て、道化役全体の名前として定着した。

サイレン……美しい歌声をもつ海の精から

ギリシア神話の魔女「セイレン」の名に由来する言葉。半人半鳥のセイレンは、美しい歌声で船人を誘惑し、死にいたらしめたという海の精。その名から派生して、時報や警報などのために鳴らす、音響発生装置を指すようになった。

アルファベット……「アルファベット」の「アルファ」とは?

ローマ字のことを「アルファベット」というのは、ギリシア文字が関係している。ギリシア文字の第一番目を「アルファ」、二番目を「ベータ」ということから、これらを合わせてアルファベットという言葉が生まれた。

ジグザグ……なぜ「ジグザグ」というのか?

「ジグザグ」は、のこぎりの歯を意味するドイツ語「Zacke」に由来する言葉。それが英語で「稲妻形」、「Z字形」を意味する「Zigzag」になり、日本語では「ジグザグ」と表現されるようになった。

ライバル……小川をともに使うことから

ラテン語で小川を意味する「rivus」が派生して、「川を共同で使う者」という意味になり、英語の「ライバル」になった。ただし、英語のライバルは、「対抗者」という意味合いが強く、友好的なニュアンスはない。

■ひとつ上のカタカナ語のルーツ

ドル……ドイツ銀貨の略称から

アメリカ、カナダ、シンガポールなどで使用されているドルのルーツは、ボヘミアの鋳造所で造られたドイツ銀貨にさかのぼる。この銀貨の略称はターラーで、それをさらにオランダ語ではダーラーといい、ドルの語源となった。

ガッツ……もとは「腸」のこと

根性や気力を表す「ガッツ」は、英語の「ガット（gut）」（腸という意味）に由来する。その複数形「ガッツ（guts）」は「内臓、はらわた」という意味になり、根性といった意味でも使われるようになった。なお、テニスのラケットに張る糸を「ガット」というのは、昔、羊の腸製の糸を張っていたところから。

アイコン……偶像という意味

パソコン画面上に、プログラム名などを分りやすく図形化したものをアイコンというが、これは英語の「イコン（icon）」に由来する言葉。「イコン」は「像、偶像、記号」という意味。

バンガロー……もとは「ベンガル風の～」という意味

「バンガロー」は、もとはインドのヒンディー語で「ベンガル風の（bungalow）」という意味。この地域は暑くて湿気が多いため、四方にベランダのある平屋を建てることが多い。そこから、キャンプ場などに設けられた小屋を「バンガロー」

と呼ぶようになった。

ギプス……語源からみても「ギブス」は間違い

骨折したときには、患部を固定するため、包帯でグルグル巻きにして、石膏で固定する。それを「ギプス」というが、石膏を意味するドイツ語の「ギプス（Gips）」に由来する。綴りからもわかるように、「ギブス」というのは間違い。

キャタピラー……昔の戦車が芋虫を連想させたところから

戦車は車輪ではなく、キャタピラーで動くが、この「キャタピラー（caterpillar）」は「芋虫」、「毛虫」のこと。戦車が発明されたとき、そのベルトがうねりながら進む姿が、毛虫の動きを連想させたところから、こう名付けられた。

アーメン……日本語では、どんな意味になるのか？

キリスト教では、祈りを捧げた後に、アーメンと唱えるが、この「アーメン（amen）」は、ヘブライ語で「たしかに」とか「かくあれ」という意味。祈りの他にも、賛美歌を歌った後や告白の後にも、この言葉を唱える。

バイブル……聖書のことをこう呼ぶようになったのは？

昔、パピルスの芯をラテン語で「ビブロス（biblos）」と呼んだ。そこから、パピルスに文字を記したものを「biblion」と呼び、これが「書物」という意味になった。つまり、「バイブル」は「書物」全体を表す言葉だったのだが、聖書が書物の中の書物であるところから、聖書を指す言葉になった。

コーラン……「読誦されるもの」という意味から

「コーラン」は、「正しく読み、読誦されるもの」という意味をもつアラビア語。イスラム教の聖典の名。

カーソル……計算尺などの部品名から

「カーソル（cursor）」は、パソコン画面上をマウスで動かす矢印マークのこと。もともと「カーソル」は計算尺や測量器械で、目盛りを読むため、左右に動かす透明な板を指した。そこから、パソコン画面上の位置記号をこう呼ぶようになった。

■「ファッション」の言葉のルーツ

アオザイ……正しくは、「上着」だけを指す言葉

ベトナム女性の民族衣装。「アオザイ」とは、ベトナム語で「長い上着」という意味で、あの上着を指す言葉。「クアン」というゆったりめのズボンと合わせて着用する。

ワッペン……もともと、何語？

ブレザーの胸などに縫いつけるデザインマークのことで、もとは、ドイツ語で「紋章」という意味。ラテン語では、同じものを「アップリケ」という。

タキシード……湖名が礼服の名になったわけ

男性用の礼装服の「タキシード」の名は、アメリカ・ニューヨーク州のタキシード湖に由来する。その湖畔に「タキシード・パーク」という社交クラブがあり、そのクラブで、背広と燕尾服の中間のような礼服の着用がはじまり、クラブ名からタキシードと呼ばれるようになった。

ブレザー……これで、上着を意味するのは？

上着を意味する「ブレザー」(blazer）をめぐっては、二つの語源説がある。一つは、「炎」を意味する「ブレイズ」に由来するという説。一九世紀半ば、オックスフォード大とケンブリッジ大の対抗ボートレース会場で、後者を応援する女性たちがそろいの真紅の上着を着ていた。その色が燃える炎のようであることから、「ブレザー」と呼ばれるようになったという。もう一つの説は、英国海軍の「ブレイザー号」の乗組員が、そろいの上着を作ってユニフォームとしたことから、上着を「ブレザー」と呼ぶようになったという。

ジッパー……ファスナーともいうのは？

ファスナーとジッパーでは、言葉としてはファスナーのほうが古い。まず、一八九三年、「ファスナー」という商品名で世に出たのだが、あまり世に広まらなかった。その後、一九二一年頃、「ジッパー」という商標で靴に使われると、人気を呼び、以降、アメリカではジッパーという名で定着した。日本で作られるようになったのは、一九二七年のことで、巾着の口と役割が似ていることから、「チャック」という名で売り出された。

■「スポーツ」と「音楽」の言葉のルーツ

バドミントン……イギリス貴族の屋敷の名前から

バドミントンは発祥地のインドでは「プーナ」と呼ばれていた。英国のボーフォート公爵がインド滞在中、この「プーナ」に熱中し、同侯が「バドミントン荘」

という邸宅にコートをもっていたところから、この名前で本国イギリス、やがて国際的に広まった。

リレー……昔の狩猟用語から

リレー競技の「リレー」は、フランスの古い狩猟用語に由来する。狩猟では、猟犬が獲物を追い出すが、犬にも体力の限界があるので、控えの猟犬が必要だった。その控えの猟犬を「リレース（relais）」と呼んだところから、現在の「リレー」という意味が派生した。

アンカー……最終走者をこう呼ぶのは？

陸上・水泳のリレー競技の最終走者をアンカーというが、もとは綱引き競技の用語だった。綱引きでは、重しの役目をする最後尾の選手を、「アンカー（anchor）」、つまり「錨《いかり》」と呼ぶ。最後であるところから、リレーの最終走者も意味するようになった。

ルーキー……一八九〇年代にアメリカで生まれた言葉

「ルーキー」の語源は、「新兵」「新入社員」を意味する「リクルート」にある。やがて一八九〇年代にそこから派生して、「新人」とくに「新人の野球選手」を意味する「ルーキー」というアメリカ英語になった。

モーグル……もともとの意味は？

フリースタイルスキーの一つで、こぶのある急斜面を滑り降りる競技。一九七〇年代にアメリカで生まれ、当初は「ホットドッグ・スキー」と呼ばれていた。「モーグル」とは、ノルウェー語で「雪のこぶ」のこと。

ペナント・レース……プロ野球の優勝争いのことをこう呼ぶのは？

プロ野球の戦いを「ペナント・レース」と呼ぶのは、セ・パ両リーグの優勝チームに、ペナント（細長い三角旗）が贈呈されることから。プロ野球の優勝争いは、じつはその三角旗を奪い合うレースなのだ。

ブルペン……もともとは、雄牛を囲う場所

「ブルペン」は、野球の投手の練習場のこと。しかし、もとは野球用語ではなく、ブルは「雄牛」で、ペンは「囲い」、「雄牛を囲う場所」のことだった。なお、雄牛だけを囲う必要があったのは、交尾のときに奮いたたせるため、ふだんは雄牛を雌牛から隔離していたのだ。

プロップ……ラグビーのフォーワードの二人をこう呼ぶのは？

ラグビーでスクラムを組んだとき、前列の左右の選手をこう呼ぶ。prop と綴り、「支柱」という意味。確かに、最前列にあって、スクラム全体の支柱のような役割を果している。

ゴルフ……やっぱり、スコットランドの言葉か？

「ゴルフ」という言葉の由来をめぐっては、二つの説がある。一つは、スコットランドに杖で小石を打って飛ばす遊びがあり、その遊びが「gowf」と呼ばれ、それが変化して「golf」となったという説。もう一つは、オランダにいまのホッケ

ーに似た遊びがあり、「kolf」と呼ばれていた。それがスコットランドへ伝わって、現在のゴルフに変化したという説だ。

ハンディキャップ……なぜキャップ（帽子）が出てくる？

かつて、イギリスの競馬で、いつも同じ馬が勝つのはつまらないと、馬の背負う重量を変えるというアイデアが生み出された。その際、帽子の中へ何種類かの重さを書いた紙を入れ、馬主たちがその紙を引き合って、斤量を決めた。そこから、「帽子の中へ手を入れる」（hand in cap）が一つの単語になり、「handicap（ハンディキャップ）」という言葉が生まれた。

スキー……「裂く」という意味の言葉が、スポーツの名前になったのは？

スキーは「裂く」という意味のラテン語「scindere（スキンデーレ）」に由来する名。なぜ「裂く」かというと、昔は、固い木を裂いて、足につける板とストックを調達していたからである。

ラグビー……もともとは学校の名前

一八二三年十一月、英国でのサッカーの試合中、エリスという少年が、ボールを抱えて走り、敵のゴールに駆けこんだ。それが、ラグビー誕生のきっかけになった。その新しいスポーツをラグビーと呼ぶようになったのは、エリスが通っていた学校がラグビー高校だったから。

スキューバダイビング……「スキューバ」とは、何のこと?

「スキューバ」は、もとは一つの単語ではなく、「Self Contained Underwater Breathing Apparatus」の略語。その意味は「自給気式潜水具」だ。昔は、船から長い管を通じて、ダイバーに空気を送っていた。ダイバーが酸素ボンベを背負って自由に海中を動けるようになったとき、この長い名前がつけられた。

オーケストラ……起源は古代ギリシアにさかのぼる

「管弦楽」を意味する「オーケストラ」の語源は、ギリシア語の「オルケストラ」にある。もともとは「歌い踊る場所」という意味だったが、いつしか「その場所で演奏される管弦楽団」という意味に変化した。

■モノの名前は語源で考えるとスッキリ！

ポチ袋……「ポチ」って何のこと？

「ポチ」は本来は小さな点のことで、「小さい」というニュアンスを含む。日本ではご祝儀を贈るとき、「わずかばかりですが」と言う習慣があるので、その習慣と、わずかなという「ポチ」が重なり、ご祝儀袋を指すようになったとみられる。

急須……なぜ「急」なのか？

「急須」はもともと中国では、酒のお燗をするための小さな鍋をいった。急な用でも須《もち》いることができたから、「急須」の名がついた。日本に渡来したとき、これを煎茶用具として使うようになり、形も土瓶式に変わった。

くす玉……「くす」って、何のこと?

もともと、くす玉は端午の節句に飾られた飾り物のひとつ。漢字では「薬玉」と書くように、もとは中に薬草を入れて、健康と長寿を願うためのもので、平安時代から、おもに贈答品として用いられていた。

案山子《かかし》……嫌な臭いを「かがす」ためのもの

昔は「かがし」といい、獣肉や髪の毛などを焼いて、竹につけたものだった。その臭いを「かがす(嗅がす)」ことで、鳥獣を追い払っていたのだが、しだいに等身大の人形を使うようになり、名も「かかし」に変わってきた。

箪笥《たんす》……もとは小さな器のこと

中国で、「箪」は竹製の丸い容器、「笥」は竹製の四角い容器のことをいった。いずれも飲食のための小さな器だったが、日本で「箪笥」は収納に使われた。最初は小さな竹製で、やがて大型の木製へと変わってきた。

■語源で覚える「からだ」の呼び名

十二指腸……なぜ「十二」？

胃に続く、小腸の最初の部分のことで、人間では三十センチほどの長さがある。これは指を十二本ほど並べたくらいの長さであり、指十二本分の長さの小腸ということで、「十二指腸」と名付けられた。

二の腕……「二の腕」の「二」とはどういう意味？

肩から肘までの間の部分を、「二の腕」という。これは手首から数えて「二番目の腕」にあたるから。ちなみに「二の足」という言葉もあるが、これは体の部分を指している言葉ではなく、二の腕の語源とは無関係である。

こめかみ……「お米」とは関係があるのか？

耳の上、目の脇にあたる部分は、米を噛むときによく動く。そこから「米噛み」と名づけられ、いまは漢字では「顳顬」と書く。

鳩首……なぜ、「鳩」が出てくる？

鳩には、ひとところに集まる習性があるため、鳩という漢字に「集める」、「集まる」という意味が生じ、「鳩める」と書いて「あつめる」と訓読みする。その鳩を使った「鳩首」は、首＝人が集まることを意味し、そこから「鳩首会議」などと使われる。

にきび……黍《きび》の実に似ているから

昔は「にきみ」といい、「丹黍」と書いた。「丹《に》」には「赤い」という意味があり、赤い黍の実に似ていたことから。やがて江戸中期に「にきび」に音変化し、漢字では「面皰」と書くようになった。

いびき……「い」は「息」と関係がある？

もとは息が響くところから、「息響《いひび》き」といい、これが「いびき」に変わった。あるいは、もともと息を吹くところから、「息吹《いぶき》」といい、これが変化したともいわれている。

薬指……クスリと関係があるのか？

中国では「無名指」といわれたため、日本でも昔は「名なし指」といわれていた。その後、薬を溶かしたり、体につけたりするとき、おもにこの指を使ったところから、「薬指」と呼ぶようになった。

アキレス腱……英雄アキレスの唯一の弱点だった

「アキレス」は、古代ギリシャの英雄で、不死身の存在だったが、かかとのみが唯一の弱点だった。アキレスはかかとの腱を射《い》られて絶命し、そこから足のかかとの腱を「アキレス腱」と呼ぶようになった。

雀斑《そばかす》……「雀」との関係は？

顔の皮膚にできる褐色の斑点は、蕎麦の実をひいて粉をとったあとの殻、つまりは「蕎麦滓《かす》」によく似ていた。「雀斑」の漢字が当てられたのは、そばかすが雀の羽の斑点に似ていたことから。

■〝和〟の雰囲気がただよう言葉の語源

蹲《つくば》い……ある動作から生まれた言葉

茶室の庭先に低く据えつけた手水鉢《ちょうずばち》のこと。ここで手を洗おうとすると、低くしゃがむ（蹲《つくば》う）ことになる。その動作が物の名前にも使われるようになった。

備長炭《びんちょうずみ》……「備長」って何のこと？

和歌山県（紀州）で産する良質の炭。旧国名の「備中」産に誤解されがちだが、

「備長」は、旧国名とは直接の関係はなく、この炭を売り出した紀州田辺の「備中屋長左衛門」の名を略したもの。

友禅《ゆうぜん》……絵師の名に由来

「友禅染」の略。江戸時代・元禄期に、京都の絵師・宮崎友禅斎が彩色技術を駆使して、その文様を創案、これが人気を博した。友禅斎の名は高まり、やがてその染め物の手法自体を指すようになった。

鳥居……この「鳥」はどんな鳥？

「鳥居」は、鶏のとまり木をシンボル化したもの。昔の人は、悪霊は夜訪れ、夜明けとともに鳴く鶏には、その悪霊を追い払う力があると考えた。そこで、鶏のとまり木を模した構造物を神社の入り口に立てるようになった。

阿弥陀《あみだ》くじ……阿弥陀様との関係は？

いまは平行に線を書いて、くじ引きをするが、かつては放射線状に線を書き、くじを引いた。その放射線状の形が、阿弥陀仏の後光に似ていたところから、「阿弥陀の光」といわれた。それが「阿弥陀くじ」に変化した。

■その〝呼び方〟は一体どこから来たの？

浪人……侍と「浪」の関係は？

いまは、試験に落ちて、大学に入れなかった人を「浪人」というが、古代には、本籍地を離れ、流浪している人を「浪人」と呼んだ。鎌倉時代以降、武家の時代になると、主君を失った侍を指すようになり、転じて現在の意味を持つようになった。

夫人……どれぐらい偉い女性？

本来は、中国で天子の妃を指した。「夫人」の「夫」は、もとは「扶」と考えられ、脇の下にぴったり手を当てて支えるさまを表す漢字。やがて高貴な人の妻全般に使うようになり、さらには他人の妻を敬っていう言葉になった。

秘書……「秘密の書」を守る人

もとは中国語で、宮中の蔵書の意味。日本でも平安時代には、「秘蔵の本」の意味で使われていた。明治になって、英語のセクレタリの訳語として「秘書」が使われはじめ、やがて要職にある人の仕事を補佐する者という意味で定着した。

左官……どこに出入りしていた人？

宮中の建築や修理を司る役職を「木工属《もくのさかん》」といい、壁塗り職人は木工属の役目を与えられていた。そこから壁塗り職人を「さかん」と呼び、官を補佐するという意で「佐官」の字が当てられ、やがて「左官」となった。

女史……もとはどんな女性のこと？

「女史」とは、もともと古代中国で、后の儀式を取りしきったり、記録の事務を扱った女官のこと。日本でも後宮で、文書関係の仕事や儀式の運営を司る女官を指した。転じて、社会的地位や名声の高い女性に対し、敬意を込めて用いるようになった。

■歴史を感じさせる人の呼び方

侍……平安時代は何をしていた？

平安中期ごろ、貴人の家に仕える人を「伺候する」の意味の「さぶらふ」の名詞形「さぶらひ」と呼んだ。やがて音変化して「さむらい」になり、また武士の台頭に伴い、武士全般を指す言葉になった。

花魁《おいらん》……誰が呼んだ名前？

江戸の吉原遊廓では、若い遊女や見習いの禿《かむろ》らが、姉女郎を「おいらの姉さん」

の意味で「おいらん」と呼んだ。転じて、位の高い遊女や太夫《たゆう》を指すようになった。

土左衛門……力士の名前だった

江戸時代の享保年間に、成瀬川土左衛門という力士がいた。大変な肥満体で、また色白だったため、膨れ上がった水死体を彼の姿に見立てて、「土左衛門」というようになった。

棟梁……なぜ大工さん以外にも使う？

「棟」は建物の棟、「梁」は建物の梁《はり》。「棟」も「梁」も家を支える重要な部分であるため、大工の親方にはじまり、一族の頭、集団の中心的人物なども指すようになり、さらには左官や鍛冶などの長も指すようになった。

鳶《とび》……道具の名前に由来する職業名

「鳶」といえば、高所で建築作業をする職業。「鳶口」を持つところから、こう呼ばれるようになった。鳶口は、棒の先に鳥のトビのくちばしに似た鉄製の鉤《かぎ》をつけた道具。

旦那……「夫」「商家の主人」「得意客」の共通点は？

もとは「与える」「贈る」を意味するサンスクリット語「dāna」。これに「旦那」の字を当て、中国や日本では、寺院や僧侶に布施をする人、仏教の後援者を指した。転じて、夫、商家の主人、得意客などを意味するようになった。

貴様……なぜ「様」づけ？

もとは「貴方《あなた》様」の意味で用いる尊称で、中世末から近世中期にかけて、武家の書簡などで、目上の者に対して用いられた。近世後期頃から親しい者や目下の者に用いられ、さらには相手をののしる際にも使われるようになった。

居候……もとは公文書用語だった

「居」は、人がいるの意味の「居る」。「候」は「ある」「いる」の丁寧語。近世の公文書で、同居人のことを「○○の家にいます」という意味で「○○方居候△△」と記したことから、他人の家に身を寄せている者を指すようになった。

太公望《たいこうぼう》……「太公」と「釣り」の関係は？

本来は中国、周代の政治家・呂尚のこと。呂尚が釣りをしているとき、呂尚の才を見抜いた文王が「周の祖である『太公』が『望』んでいた賢人」と評したことから。呂尚の釣り好きにちなみ、釣り人や釣り好きを指すようになった。

麒麟児《きりんじ》……なぜ「キリン」？

「麒麟」は、中国の伝説上の動物。胴体は鹿、ひづめは馬、尾は牛に似て、頭に角があり、体から光を放つ。麒麟が現れると聖人が誕生し、国が治まるとされた。そこから、稀に見る才能を持った子どもや若者を指すようになった。

韋駄天《いだてん》……誤表記から生まれた名

「韋駄」は、本来サンスクリット語「Skanda」を漢字化した語が、書き写す際に

「韋駄」と誤表記されたとみられる。この「天」は神のこと。バラモン教の神で、駿足だったことから、足の速い人を指すようになった。

■その名前にそんな由来があったんだ！①

十字架……キリシタンの時代にはなかった言葉

「十字架」は、明治以降の言葉。戦国・江戸初期のキリシタンは、ポルトガル語のまま、「クルス」と呼んでいた。なお、英語ではcross。

聖書……中国生まれの〝借用語〟

江戸時代、日本では、キリスト教が厳しく禁止されていたが、中国ではその研究は認められ、聖書も翻訳されていた。そのため、日本のキリスト教関係の言葉には、明治以後、中国ですでに漢訳されていた言葉を借用したものが多い。「聖書」

もそのひとつで、中国でBibleを訳した言葉をそのまま使った言葉。

青龍刀《せいりゅうとう》……刀と青い竜との関係は？

「青龍刀」は、中国で使われてきた薙刀状の刀。柄の部分に青い龍の装飾が刻まれていたところから、この名で呼ばれる。正式には「青龍偃月刀《えんげつとう》」と呼ばれ、「偃月」は弓張り月（上弦、下弦の月）のこと。幅広の湾曲した形が、弓張り月のようであることから、そう名づけられた。

印伝《いんでん》……「印度伝来」という意味

もとは、羊か鹿のなめし革のことで、「印度伝来」という意味で「印伝」と呼ばれるようになった。いまは、牛革を加工したものが多い。「印伝の財布」、「甲州印伝」（山梨は印伝の名産地）などと使う。

煙管《きせる》……カンボジア語？　ポルトガル語？

刻みタバコを吸う道具の「煙管」は、日本には十六世紀の終わり頃、伝来したとみられる。その語源をめぐっては、カンボジア語で「管」を意味するkhsierに由来するという説がある。また、「タバコを吸う」という意味のポルトガル語に由来するという説もある。

形見……どんな「形」？

遺品を意味する「形見の品」は、故人を思い出すきっかけとなるもの。そんなところから、その人の「形を見る」という意味に由来するとみられる。

汽車……「蒸気車」の略語

もとは「蒸気車」だったが、略されて「汽車」になった。意味は、もとは蒸気によって動く鉄道車両を指したが、「汽車」と略されるうち、鉄道車両全般を指すようになった。なお、中国語では、汽車のことを「火車」という。

擬宝珠《ぎぼし》……橋の欄干の装飾をこう呼ぶのは？

橋の柱の上にかぶせる飾り物。「宝珠に擬《なぞら》えた」ことから、〝擬・宝珠〟となったという説がある。また、その先の尖った丸っこい形が、葱の花に似ているところから、「葱帽子《ぎぼうず》」が変化したという説もある。

学ラン……「ラン」って何？

学生服のことを俗に「学ラン」というが、この「ラン」は、ヨーロッパのオランダのこと。オランダは漢字では「和蘭」と書くため、「学ラン」を漢字で書くと「学蘭」となる。江戸時代、欧米諸国のうちでは、オランダとのみ交易していたことから、明治初期にはまだ、洋服にはオランダと関係したものというイメージがあった。学生服も洋服の一種であることから、「学ラン」と呼ばれるようになった。

ブリキ……どこの国の言葉？

鉄板を錫《すず》でメッキした「ブリキ」は、オランダ語の「ブリック（blik）」に由来する語。一方、「トタン」は鉄板を亜鉛でメッキしたもののことで、ポルトガル語で亜鉛を意味する「トゥティナガ」に由来する。

号外……最初にこの言葉を使った新聞は？

日本初の「号外」は慶応四年、「中外新聞」が上野彰義隊の戦いを報じた「別段新聞」とみられる。ただし、明治初期は、「号外」ではなく、「別号」や「別紙」と呼ばれていた。「号外」という名が初めて使われたのは、明治十年、西南戦争について報じた「松本新聞号外」だったとみられる。

八咫《やた》の鏡……「咫」って、何のこと？

三種の神器のひとつ。「咫」は、手のひらと指の長さを基準にした上代の長さの単位。「八」は特定の数字を表しているわけではなく、「八咫」は大きいこと。

写真……幕末までは、肖像画のこと

もとは、身分の高い人や神仏を描いた「肖像画」を指した言葉。幕末、写真技術が伝わると、photograph の訳語としても使われることになった。

信玄袋……武田信玄とはどんな関係？

紐で口を締める布製の手さげ袋。明治中期、甲州（山梨県）発で流行した。甲州発なら、武田信玄も使っただろうというイメージから、「信玄袋」の名で広まったとみられる。

麻雀……「雀」とはどんな関係がある？

一説には、麻雀牌をかき回す音がスズメのさえずりに似ているから、「麻雀」と書くようになったという。別の説では、上がるとき、そろえた牌の形が雀が翼を広げた形に似ているからだという。なお、「麻」は斑点という意味で、麻雀牌の裏側の斑点のような模様を表している。

だんじり……どこからきた言葉？

祭りに使う屋台のことで、おもに関西・西日本で使う言葉。関東でいう山車《だし》のことであり、「山車」から派生した言葉とみられる。漢字では「檀尻」と書くこともある。

天目茶碗《てんもく》……「天目」は、もとはお寺の名前

「天目茶碗」は、茶道で珍重される茶碗で、禅宗寺院で有名な中国浙江省の「天目山」に由来する名称。鎌倉時代、その寺院で修行した日本の僧侶が、天目山製の茶碗を持ち帰ったことから、この名で呼ばれるようになった。

■その名前にそんな由来があったんだ！②

宴《うたげ》……打ち上げが変化して、「うたげ」に

酒盛りや宴会のことを「宴」というが、これは「打ち上げ」が変化した言葉という説が有力だ。なお、「打ち上げ」は、手を打ち上げ（拍手）て、楽しむことに由来する語とみられる。

軍手……「軍隊」とは、どんな関係？

「軍手」は「軍用手袋」の略語で、日露戦争の頃から使われはじめた言葉。戦場では、手袋の消耗がはげしいし、片方だけなくすこともある。そこで、左右兼用の手袋が大量生産され、日露戦争後、一般にも広まることになった。

丹前……「丹後守の屋敷の前」という意味

「丹前」は昔の防寒着で、いわゆるどてらのこと。江戸時代、江戸の神田に丹前風呂という湯屋があり、その店に勝山という人気の遊女がいた。丹前風呂の勝山が綿入れを羽織っていたことから、綿入れのことを「丹前」というようになったという。

狼煙《のろし》……なぜ、「狼」が出てくる？

火を焚き、煙によって情報を知らせる「のろし」は、漢字では「狼煙」と書く。「狼」という字が使われるのは、一説には、のろしを上げるときに、狼の糞を燃やしたからといわれる。狼の糞を燃料に混ぜると、煙が真っ直ぐにのぼり、風が吹いても乱れることがなかったという。

番傘……この「番」は番号の番

江戸時代、大きな商店では、使用人のために多数の傘を用意していた。それらは「問屋傘」などと呼ばれたが、それらの傘には、紛失や盗難を防ぐために番号が振られていた。それが「番傘」という名前の由来だ。

鉛……「なまり」という名前の由来は？

「なまり」は金属名であり、元素名。「鉛」はやわらかいうえ、融点が低く、加工しやすい。そこから、「なまり」という名は「生《なま》り」（固くないという意）に由来するとみられる。なお、カツオの「なまり節」は、カツオの肉を半乾しにした食品であり、漢字では「生り節」と書く。

双六《すごろく》……なぜ「六」なの？

「双六」は、奈良時代以前からある室内遊戯。当時の双六は、いまのすごろくとは違って、二つのサイコロの出目《でめ》で陣取りをする囲碁にも似た遊びだった。「六六」までの目があるサイコロを「二個」振るところから、「盤双六」と呼ばれていたが、その名が、参加者で「上がり」を目指す現在のすごろくにも使われているというわけだ。

千代紙……「千代」って何のこと？

「千代紙」の名は、一説に江戸城の別名に由来する。江戸時代、千代紙を江戸城にも納めていた業者が江戸城が別名「千代田城」と呼ばれていたことから、「千代紙」と名づけたという。

蜃気楼《しんきろう》……「蜃」は、どんな動物？

光の異常屈折によって起きる大気現象だが、かつては海の中に棲む「蜃」という動物が気を吐くことで、楼閣が描かれると考えられていたことから生まれた語。「蜃」の正体は大ハマグリとも、蛟といわれる蛇の一種ともいわれる。

正月……この「正」は「正しい」という意味ではない

「正」という文字には、正しいという意味だけでなく、「改める」という意味がある。元日を迎えると、旧年から新年に年が改まるところから、「正月」というようになった。

■その名前にそんな由来があったんだ！③

道具……この「道」は何を意味する？

もとは、仏道修行に用いる道具のこと。托鉢に必要な衣や修法《しゅほう》に用いる器具などをいったが、いつしか普通の世界でも使われるようになった。たとえば茶道の道具は、「茶道具」といわれるようになった。

芝居……庶民の見物席は芝生の上

室町時代、社寺の屋外で猿楽《さるがく》や田楽《でんがく》が催されたとき、貴人らは桟敷《さじき》に座った。桟敷と舞台の間には芝生があり、そこは庶民の席だった。江戸時代にそのような席は「芝居」と呼ばれ、やがて演劇自体もその名で呼ぶようになった。

憲法……もとは「正しいこと」を意味した

「憲」は、基本となる掟のこと。「法」も、同じ意味。近世までは「けんぼう」と読み、「正しいこと」、「公正であること」といった意味で使われていた。憲法がいまの意味を持つのは、明治時代に大日本帝国憲法が制定されてから。

玄関……修行の一段階を示す言葉

もともと「玄関」は仏教語で、仏教の奥深い教えにいたるまでの関門という意味の、修行の段階を示す言葉だった。そこから、禅寺への入り口という意味になり、のちに家の入り口を指すようになった。

孫の手……孫のように背中をかくからではない

もとは、「麻姑《まこ》の手」。「麻姑」は中国の伝説上の仙女、彼女の爪は鳥のように長く鋭く、かいてもらうと大変気持ちよかったとされる。そこから、背中をかく棒を「麻姑の手」といい、これが「孫の手」となった。

一張羅《いっちょうら》……語源はロウソク

「一張羅」の語源は、予備のない一本のロウソクを意味する「一挺ろう」にあるとみられる。そこから転じて、「たった一着きりのかけがえのない大切な衣類」、「手持ちの衣類の中でもっともよいもの」を意味するようになった。

お中元……もとは陰暦七月十五日を指した

中国・道教の節会《せちえ》で陰暦七月十五日のこと。この日に家族や親戚で祝いをしたが、日本伝来時、同じ日の盂蘭盆《うらぼん》と混同され、仏に物を供える日にもなった。それが世話になった人に物を贈る日になり、いまの風習へと変わってきた。

知事……もとは雑用係だった

もとは仏教の世界の言葉で、サンスクリット語の「karma-dana」を漢字化した語。当初は寺院の雑事、庶務をこなす下級の役職名だったが、中国・宋代に州・県の長官の官名となり、日本に伝わった。

躾《しつけ》……「躾」は和製漢字

「躾」の語源は、動詞の「仕付ける」、「為付ける」にある。もともとは「つくりつける」という意味だったが、室町時代から「礼儀作法を身につける」という意味になり、やがて漢字も「躾」に変化した。「躾」は、美しく身体を飾るという意味の和製漢字。

あらまし……「あらましごと」の略

「あらまし」の語源は、将来の予想や希望を意味する「あらましごと」の略という説が有力。「未来のことは大雑把にしかいえない」という意味から、「大筋」「概略」という意味が生まれた。

餞《はなむけ》……語源は「鼻向け」が正しい

旅立ちや門出を祝い、金品などのプレゼントを贈ることを「餞」というが、これはもともと「馬の鼻向け」の略。その昔、旅人の安全を祈願して、馬の鼻を旅人の向かう方面に向ける習慣があったことに由来する。

乱杭歯《らんぐいば》……「乱杭」って、どんなもの？

「乱杭」は、乱雑（不規則）に打ち込んだ杭のこと。かつて戦場では、敵の障害物とするため、杭をわざと不規則に打ち込み、それを「乱杭」と呼んだ。その「乱杭」のように、歯並びが乱れた歯を「乱杭歯」という。

7 料理、動物、植物…の名前の由来は？

■「食」の言葉の由来をご存じですか〈基本編①〉

包丁……料理人「丁」さんの牛肉さばきから

もとは「庖丁」と書いた。「庖」は料理人を意味し、「丁」は人名。中国・梁《りょう》の時代、料理人の丁が王の前で、みごとに牛肉をさばいた。そこから「庖丁」は料理人を意味し、料理人の用いる刃が「庖丁刀」となったが、いつしか「庖丁刀」から「刀」が取れた。

まな板……「まな」って何のこと?

「まな板」は、いまは「俎板」と書くが、昔は「真肴板」とも書いた。その「肴」は「酒の肴」という言葉があるように「副食物」という意味。つまり、「真肴板」は「真の副食物を調理する板」という意味であり、〝真の副食物〟とは魚を指す。

つまり、昔は「真肴板」の上では、もっぱら魚のみを調理したのだ。

献立……もとは、料理をする側の手順

「献」は酒を勧めること、「立」は膳立てのこと。「献立」は、食卓に出す料理の種類や組み合わせ、順序を決めることであり、調理する側の言葉だった。それがやがて、食べる側のメニューと同じ意味に変わってきた。

台所……平安貴族の家にあった「台盤所」が略された

「台盤所《だいばんどころ》」の略。「台盤」は平安時代、宮中や公家の調度の一つで、食器や食物を載せる台のこと。「台盤所」は、台盤を置くところであり、公家の屋敷では食物を調理する場所でもあった。やがて、それが略されて、「台所」となった。

ちゃぶ台……「ちゃぶ」は「卓袱」で正しいか？

足の短い食事用の台だが、中国風の食卓を「卓袱」といい、その中国音「zhuofu」が日本語で「ちゃぶ」になったとされる。

割烹着《かっぽうぎ》……「割烹」の意味は？

「割烹」は、肉を「割《さ》い」て「烹《に》る」の意味で、調理をすること。「割烹着」は、もとは炊事用の衣服を指したが、しだいに家事全般をするための衣服をいうようになった。

■「食」の言葉の由来をご存じですか〈基本編②〉

グルメ……料理にもワインにも詳しい人をさす

フランス語の「gourmet」からの外来語。古くは「ワイン鑑定士の召使い」、「ワイン商人の召使い」などの意味をもっていた。それが転じて「ワインに詳しい人」になり、やがて「食通」の意味をもつようになった。

コロッケ……フランスの「クロケット」から

フランスの揚げ物料理「クロケット（croquette）が、明治になって日本に上陸、変化した言葉。フランスのクロケットが魚介類、鳥獣肉などを入れ、トマトソースをベースにするのに対し、日本のコロッケはご存じのようにじゃがいも中心である。

ナゲット……チキンナゲットの「ナゲット」って何のこと？

「ナゲット（nugget）」は、英語で「天然の金属の塊」という意味。チキンを揚げたものが、黄金色に仕上がったところから。

パニーニ……「パニーノ」ともいうのは？

イタリアのトースト・サンドウィッチ。イタリア語でパンを意味する「パーネ」に、接尾辞のinoがついた言葉で、「小さなパン」という意味。単数形はパニーノで、複数形がパニーニ。

ナシゴレン……「インドネシア風の焼き飯」をこう呼ぶのは？

インドネシア風チャーハン。インドネシア語で「ナシ」はご飯、「ゴレン」は炒めることで、直訳すると「炒めた米」という意味になる。

フォアグラ……もともと、どういう意味？

世界三大珍味の一つ。フランス語で、フォアは「肝臓」のことで、グラは「太った」。つまり、「太った肝臓」という意味になる。その作り方は、ガチョウを運動不足、栄養過多で育て、肝臓を肥大させる。人間にたとえれば、「脂肪肝」という病気におかされた肝臓が、フォアグラという高級食材だ。

パスタ……スパゲッティとの違いは？

パスタは、もとは「練った粉」という意味で、英語でいえば「ペイスト」に相当する。いまは、小麦粉を原料とした麺類の総称であり、マカロニ、ペンネなど、現在のイタリアには、数百種類のパスタがある。一方、スパゲティはパスタのうちの一つの種類であり、イタリア語でヒモを意味する「spago《スパゴ》」のように長いことから、「spaghetti《スパゲティ》」と呼ばれるようになった。

ケチャップ……もともとは、どこの国の言葉？

ケチャップには、二つの語源説があり、ともに中国語に由来する。その一つは、中国で塩漬けにした魚の汁料理を「コエチアプ」と呼び、それがマレー半島に伝わって「ケチャップ」に変化、それがイギリスへ伝わったという説。もう一つは、中国で「ケチャップ」と呼んでいた香辛料入りのマッシュルーム・ソースを、一八世紀にオランダ人が中国から輸入し、ヨーロッパに広まったという説だ。

カレー……もともとは、どういう意味？

カレーは、タミール語でソースを表す「カリ」に由来する語。かつて、英国軍の兵士が、インドから香辛料とそれを使った料理法を本国へ持ち帰った。そこから、インド風のいろいろな西洋料理が考案された。日本へ伝わったのは、明治時代初期のことで、最初は「カリー」と呼ばれていたが、やがて「カレー」に変化した。

マヨネーズ……語源は地名か、人名か？

マヨネーズの語源をめぐっては、地名説、人名説など、さまざまな説がある。まず、スペイン領マヨルカ島の港マオンの女性名詞に由来するという説がある。この島の特産品はニワトリの卵で、この地にフランス軍が進駐したとき、いまでいうマヨネーズを考案したとも伝えられる。他に、マイネ公爵という人名に由来するという説、中世フランス語で卵黄を意味する「モワイエ」が変化したという説などがある。

マーマレード……〝女王の病気〟に由来するって本当？

「マーマレード」の名をめぐっては、次のような由来説がある。一六世紀のスコットランドの女王、メアリー・スチュアートが幼い頃、食欲をなくしたとき、料理長が「マリ・エ・マラード」（メアリー様はご病気）といいながら、オレンジのジャムを作り、それがなまってマーマレードになったという。ただし、このエピソードは眉唾物で、本当は、ポルトガル語のマルメラーデ（marmelada）というジャムの名に由来する。

ウイスキーボンボン……「ボンボン」って何のこと？

ウイスキーボンボンは、砂糖やチョコレート製の殻の中に、ウィスキーを詰めた大人用の菓子。その「ボンボン」は、フランス語の「ボン（bon）」（よいという意）を重ねた言葉で、本来は糖衣菓子全般を表す。

フルーツポンチ……ポンチの意味は「5」

フルーツポンチの「ポンチ」は、ヒンズー語で「5」を意味する「パンチ」がなまったもので、もともと五種類の材料からできた飲み物をそう呼んでいた。その五種類とは、水・砂糖・レモンジュース・スパイスとアルコール類。そのパンチ（アルコールは抜きだが）にフルーツを入れたものが、日本ではフルーツポンチといわれるようになった。

オムレツ……有力な語源説は？

オムレツには、いろいろな語源説があるが、有力なのはフランス語由来説。フランス語では、薄板のことをアムレットといい、卵を薄く、板のように焼くことから、派生したとみられる。他には、スペイン国王の言葉に由来するという説がある。国王が地方に出かけ、空腹になった際、家臣の一人が手早く卵料理をつくったところ、王は「ケル・オム・レスト（何てすばやい男だ）」とほめたという。そこで、その料理をオムレストというようになったという。ただし、この説は眉唾物で、スペインではオムレツのことをドルティージャといい、オムレストといっても通じない。

グラタン……イタリアのグラタンは〝幅の広い料理〟

グラタンは、イタリア語のグラッテ（掻き削る）に由来する名。鍋にこびりついた部分を削ぎ落とすうち、その焦げた部分がおいしいことに気づき、わざと焦がしたものを作ったのが、グラタンの始まりだ。だから、イタリアでは食材を限ることなく、耐熱性の皿に食材を入れ、パン粉や粉チーズをまぶして焦げやすくした料理をすべてグラタンと呼ぶ。

■「食」の言葉の由来をご存じですか〈基本編③〉

冷や奴……「奴」って何？

「奴」は、武家で働く低い身分の者で、大きな四角形を染めた紋の半纏《はんてん》をよく着ていた。その方形の紋から、食材を立方体に切ることを「奴に切る」といい、奴に切られた冷たい豆腐を「冷や奴」と呼ぶようになった。

うどん……もとは、中国伝来のお菓子の名前

奈良時代、中国（唐）から伝わった小麦粉で作るお菓子があった。煮て作ったところから「温飩《うんどん》」と呼ばれ、それが「饂飩」となって「うどん」と読まれるようになった。その名前が、同じく小麦粉で作る現在のうどんにも使われるようになった。

おでん……もとは豆腐田楽

昔、豆腐を焼き、味噌を塗って串に刺した食べ物があり、その姿が田楽踊りに似ていたことから「豆腐田楽」、略して「田楽」と呼ばれた。やがて煮込みのスタイルに変わり、「田楽」の「でん」から「おでん」となった。

おみおつけ……「御」のオンパレード言葉

味噌汁を意味する丁寧語で、もとは「御御御付」と書く。「御御《おみ》」は、尊敬の接頭語「御《お》」と「御《み》」。「御付」は本膳に並べて付ける汁のこと。

金平牛蒡《きんぴらごぼう》……強い人気者になぞらえた料理

その牛蒡料理の味わいは、江戸時代の人にとって力強く、歯ごたえがあり、また精がつくとされた。そこで、江戸初期、金平浄瑠璃の主人公・坂田金平《きんぴら》の強さから、彼になぞらえて、この名がつけられた。

薩摩揚《さつまあげ》**……じつは、関東生まれの言葉**

関東で、魚のすり身に小麦粉や野菜を加えて揚げた食べ物を指す言葉。薩摩の名物である揚げ物だから、この名で呼ばれたが、ご当地では「つけあげ」という。また関西では、「テンプラ」という。

ちり鍋……「ちり」は何を表す？

白身魚を熱い鍋に入れたとき、その身が「ちりちり」と縮むところから、この名がついた。このメニューを「ちり鍋」の名で最初に食べたのは、幕末の日本に来た西洋人だったとされる。彼らには刺し身を食べる習慣がなかったためだ。

メンマ……「麺にのせる麻竹」の略

中国語ではなく、日本企業がつけた名前。丸松物産という企業が「麺にのせる麻《ま》竹《ちく》」を略してつけた名で、商標登録をしなかったため、他の企業・商店も使うようになり、広まった。とりわけ、昭和四十四年、桃屋が発売した瓶詰の味付けメンマがヒット、この名で浸透した。

■「食」の言葉の由来をご存じですか〈応用編①〉

カラザ……もとはラテン語

卵の内部で、卵黄の位置を保つための紐《ひも》状の部分。ラテン語で「霰《あられ》」を意味するchalazaに由来するため、カタカナでカラザと書くのが正しい表記。殻座や殻ザと書くのは間違い。

弁当……携帯食のことをこう呼ぶのは？

「弁当」は、「当座を弁ず」という言葉に由来すると見られる。簡単な食事で当座をしのぐという意味。他には、「面桶《めんとう》」がなまったという説もあり、「面桶」は食べ物を一人分ずつ、配るための容器のこと。

バッテラ……「小舟」がすしの名前になったのは？

「バッテラ」は、大阪ずしを代表するサバの押しずし。その名は、ポルトガル語で「小舟」を意味する「bateia」に由来する。明治の半ば、大阪の寿司屋が、コノシロの身を酢でしめ、酢飯の上に置いて売り出した。その形が小舟のようであったことから、お客の一人が「バッテラ」と名づけたと伝わる。やがて、ネタがコノシロからサバに変化し、薄い昆布で巻いて、現在の「バッテラ」ができあがった。

おかか……カツオ節のことをそう呼ぶのは？

「おかか」は「御掻き端」が変化した言葉とみられる。カツオ節を削るときは、その端を引っ掻くようにするところから、「御掻き端」と呼ばれ、それが変化して「おかか」になったとみられる。

香の物……漬け物をこう呼ぶのは？

平安時代の公家の遊びに由来する言葉。においを嗅いで香名を当てる遊びをする際、途中、鼻を休めるために使われたのが、漬け物だった。漬け物のにおいで、香のにおいの記憶を消し、嗅覚をリフレッシュさせたのだ。そのように使われたことから、「香の物」と呼ばれるようになった。

土手鍋……「土手」とはどんな関係？

江戸時代、牡蠣の養殖が始まって、さまざまな牡蠣料理が考られるなか、人気を集めたのは牡蠣鍋だった。牡蠣鍋は、大坂では、川岸の土手につないだ船で売られたので、大坂人らは「土手下の鍋」という意味で「土手鍋」と呼ぶようになった。現在の「土手鍋」は、鍋の縁に味噌を土手のように盛りつけるが、それは名前から考案された方法。「土手鍋」という名前が先にあったのだ。

大納言小豆……「大納言」との関係は？

小豆の品種の一つ。尾張（いまの愛知県）の名産品であることから、「尾張大納言」（徳川・尾張家のこと）にかけた名。「大納言」は、古代の律令制で、右大臣に次ぐ高位の官職名。

おじや……ジヤジヤと煮えるから

江戸時代、関西で「雑炊」といわれたものを、江戸ではこう呼んだ。ジヤジヤと音を立てて煮えるところから、接頭語の「お」をつけて「おじや」と呼んだという。また、スペイン語で鍋料理を意味する「オジャ（olla）」が変化したという説もある。

シャリ……ご飯のことをこう呼ぶのは？

すし屋では、ご飯のことを「シャリ」というが、その語源はお釈迦様の「骨」にある。仏教では、釈迦の骨を「舎利」や「仏舎利」という。土にかえった舎利は、やがてイネやムギなどの穀物を育ててくれる。そんなところから、米を舎利の化身とし、主食の米を「シャリ」と呼ぶようになった。

きし麺……もとは、碁石の形をしていた

「きし麺」は名古屋名物の平打ち麺だが、もとは碁石の形だったとされる。中国

では「碁子麵」と書き、練った小麦を薄く伸ばして、竹筒の先で碁石の形に抜き取った。それが日本に伝わり、いつしか名古屋の平打ち麵を指すようになった。

■「食」の言葉の由来をご存じですか〈応用編②〉

佃煮《つくだに》……大坂から江戸に移った佃

江戸の佃島（東京都中央区）の住民が、雑魚《ざこ》を醬油で煮詰めたところから、この名がついた。彼らは、もともと摂津（大阪府北西部と兵庫県南東部）の佃村の漁民だったが、徳川家康に招かれて、この地に移住してきた。

けんちん汁……「けんちん」って何のこと？

本来の「けんちん」は「巻繊」と書き、シイタケやゴボウなどを千切りにして、湯葉で巻いて揚げたもの。禅宗の普茶《ふちゃ》料理の一つで中国から渡来したが、しだいに食材が変化した。一方、「巻繊汁」は、潰した豆腐と刻み野菜を油で炒め、汁にしたもの。

かやくご飯……「火薬」ではない

関西では五目ご飯のことをこう呼び、「かやく」は「加薬」と書く。香辛料などの薬味を加え、味付けしたご飯という意味。「かやく」は、米の味を引き立たせるため、五目ご飯に入れる肉や野菜などの具を指している。

懐石料理……もとは「質素な料理」のこと

「懐石」は、禅宗の修行僧が懐に入れた温石《おんじゃく》のこと。その温かさにより空腹をしのいだことから、「質素な料理」という意味が生まれた。それが、茶の湯の席で、茶を勧める前に出す料理に使われるようになった。

寒天……寒さと関係のある食べ物

「寒天」は、トコロテンを冬の寒い時期に凍らせたうえ、水分を抜いて乾燥させたもの。「寒ざらしのトコロテン」を略して、「寒天」とした。あるいは「乾燥したトコロテン」を略して「乾天」とし、これが「寒天」となったとも。

伊達巻……伊達政宗の好物だったから？

「伊達巻」は、正月のおせち料理に出てくる卵料理で、白身のすり身が混ぜてあり、普通の卵焼きよりも豪華。そこから「派手」＝「伊達」な卵焼きという意味で、この名がついた。あるいは、伊達政宗が好物だったからという説もある。

八丁味噌……八丁村名産の味噌だった

赤だしに欠かせない豆味噌で、愛知県岡崎市が産地。岡崎の八丁村（現在の岡崎市八帖町）でつくられたから、この名がついた。いまなお、八帖町《はっちょうちょう》は名産地である。岡崎のあった旧国名・三河から、「三河味噌」ともいう。

雲呑《ワンタン》……「雲を呑む」と書くのは？

元の時代、蔡仁玉という詩人であり、料理人でもあった人がいた。ある日、彼が料理を出すと、客は空が映ったスープに浮かんだ白いものをずるっと呑み込んだ。そのとき、蔡仁玉は「青空に浮かんだ白い雲を呑みこむがごとく」とつぶやいたという。そこから、その料理を「雲呑」と呼ぶようになったと伝えられている。

松前漬……「松前」って人名?、地名?

「松前漬」は、数の子に昆布などを和えて漬け込んだもの。数の子がメインのように思えるが、その名は昆布中心のネーミングといえる。「松前」は北海道南部の地名で、古くからの昆布の名産地。昆布の代名詞ともいえる「松前」の名が、この食品には冠されている。

鴨なんばん……この「なんばん」は南蛮ではない⁉

「鴨なんばん」は、うどんやそばに、鴨肉とネギを入れたもの。鴨南蛮煮を略したとする説が有力だ。また、この「なんばん」は、昔はネギの別名だった。「南蛮」とは関係なく、大阪の「難波《なんば》」がネギの名産地だったため、難波のネギのことを「なんばん」と呼ぶようになったという説がある。

ごまめ……漢字で「五万米」と書く理由は？

「ごまめ」は、カタクチイワシの幼魚を干して甘辛く炒ったもの。漢字で「五万米」と書くのは、昔、カタクチイワシを肥料として田んぼに撒くと、米が〝ごまん〟ととれて、思わぬ大豊作となったことから。

鉄火巻……「鉄火」の由来をめぐる二つの説

マグロの海苔巻を「鉄火巻」というのは、一説には、鉄火場（博打場）で、この海苔巻きがよく食べられていたからだという。あるいは、マグロの赤身が「鉄火」（赤く熱した鉄）によく似ているからだともいう。

からすみ……「墨」との関係は？

「からすみ」は、塩漬けにしたボラの卵巣を材料にした食品で、その名は色と形に由来する。中国から渡来した墨を「唐墨《からすみ》」と呼んでいて、その色形に似ているところから、同じ名で呼ぶようになった。

三平汁……「三平」って、誰のこと？

「三平汁」は、北海道の郷土料理で、北海道・松前藩の賄方《まかないかた》をしていた斎藤三平の考案によるとされる。以来、考案者の名が料理名になった。斎藤三平には、南部藩の家臣だったという説もあれば、松前藩の漁師だったという説もある。

■「肉」と「魚」に関する名前のルーツ

メンチカツ……メンチとは、挽き肉のこと

英語では、挽き肉のことをmince（ミンス）という。それが日本では、ミンス↓ミンチ↓メンチと変化した。後半の「カツ」は、英語のcutletがカツレツになり、それを略したもの。むろん、メンチカツもミンチカツも和製英語。

ロース……roastのtが消えた言葉

「ロース」は、牛や豚の背肉・肩肉のこと。英語ではroastと綴ると「焼く」「あぶる」という意味だが、子音のtを弱く発音するため、日本人には聞き取りにくい。そのため日本ではそのtがとれたうえ、部位自体を「ロース」と呼ぶようになった。一方、「焼く」「あぶる」という意味のローストは、なぜか日本でもtの音が残り、肉などを炙り焼きや蒸し焼きにするという意味で使われている。

ビーフ……生きているときとは名前が変わるのは？

英語では、雄牛をオックス、牛肉をビーフという。名前が変わるのは、一〇六六年、ノルマン人がイングランドを征服したことと関係する。もともとスカンジナビア地方にいたノルマン人は、フランスにいったん定住してから、イングランドを征服した。その後、家畜は、育てている間はサクソン語で「オックス」や「カウ」と呼ばれ、料理されると、フランス語由来の言葉で「ビーフ」と呼ばれることになった。

けとばし……最初に馬肉をこう呼んだ人たちは？

「けとばし」は、馬肉の俗称。むろん、馬が足で蹴飛ばすことに由来する。もとは、泥棒の世界の隠語で、大正時代以降に一般にも広まったとみられる。また、馬肉は「桜肉」ともいうが、これは馬肉が桜色をしていることからで、馬肉の鍋物は「桜鍋」。

もつ……内臓をこう呼ぶのは？

料理の材料としての鶏、牛、豚などの内臓を指し、「臓物」の略。業者内では略語を符丁として使うことがあるが、「もつ」もまた、食肉業者や料理屋で使われていた言葉。それが一般に広まった。

室鰺《むろあじ》……「室」って、何のこと？

アジ科の魚で、クサヤなど、干物にして食べることが多い魚。兵庫県西部の室津の沖でよくとれることから、この名になったとみられる。他に、「ムロ」は伊豆を指すという説もある。

いかなご……この魚名の由来は？

兵庫県の名物である「いかなごの釘煮」に使うのは幼魚で、成魚になると、25センチにも成長する魚。大きくなるほどに、カマスと区別がつきにくくなることから、漢字では「如何子」と書き、「いかなご」と呼ぶようになったという説が有力。

芝海老……この「芝」は、何の「しば」？

「芝海老」は、クルマエビをやや小ぶりにしたようなエビで、天ぷらなどにして食べる。江戸の「芝浦」の名産であることから、この名がついた。

海鼠《なまこ》……最後の「こ」には、どんな意味がある？

「海鼠」はナマコ、「海鼠腸」はコノワタ、「海鼠子」はコノコと読む。共通点は、いずれの言葉にも「コ」がつくこと。この「コ」には「物」という意味があり、乾した物を「煎りこ」というのに対して、生の物を「生こ」というようになった。

タラバガニ……「たらば」って、どんなもの？

この「タラバ」は、漢字では「鱈場」と書く。タラバガニが鱈の漁場近くで多く獲れることから、こう呼ばれるようになった。実際、タラバガニの漁場は、北海道以北の日本海と北太平洋で、鱈の漁場とほぼ重なっている。

たたみいわし……「畳」とは、どんな関係？

「たたみいわし」は、体長一センチほどのカタクチイワシの稚魚などを多数集めて、海苔のように漉き、天日で干したもの。無数の稚魚が縦横にくっついた様子が畳の目のようであるところから、こう呼ばれるようになった。火であぶると黄色く色づいて、ますます畳に似てくる。

牡蠣《かき》……「牡」という漢字を使うのは？

「牡蠣」に「牡」という漢字を使うのは、昔の人が「牡蠣にはオスしかいない」と勘違いしていたため。精巣のことを白子と呼ぶように、昔は、白には牡のイメージがあった。そこから、昔の人は、身の白い牡蠣にはオスしかないと思っていたのである。

シーチキン……マグロの油漬けのことをこう呼ぶのは?

「シーチキン」は、日本の缶詰企業がつくった和製英語。昭和三十三年以前、いまでいうシーチキンは、アメリカ向けの輸出商品で、国内では「マグロ油漬け缶詰」と呼ばれていた。国内向けに本格発売する際、見た目が鶏肉に似ていることから、「シーチキン(海の鶏肉)」と命名され、発売されたのだった。

車海老《くるまえび》……何が「車」に見える?

クルマエビの体には濃褐色の縞模様があり、体を曲げたときにその模様が車輪のように見えることから、この名がついた。江戸初期には、すでに使われていた名称。

青柳《あおやぎ》……千葉県の青柳でよく採れたから

「青柳」はバカガイのむきみのこと。上総《かずさ》国の青柳村(現在の市原市青柳)でよく採れたことから、江戸っ子がその地名で呼ぶようになった。またバカガイの由来は、死ぬと殻から足がだらりと出るさまが、バカ者が舌を出すさまと似ていることから。

■「野菜」と「果物」に関する名前のルーツ

ししとう……「しし」って、何のこと？

唐辛子の変種で、辛味のない甘唐がらしの総称。その名は「獅子唐辛子」の略で、漢字では「獅子唐」と書く。実の形が獅子の頭に似ていることから、この名になった。

落花生……花が落ちると、どうなるか？

ピーナッツの別名。花が落ちると、子房の柄が伸びて地中に入り、子房がふくらんで豆果が実るところから、この名がついた。「南京豆」ともいうが、これは「中国から渡来した豆」という意味。

小松菜……もとは「葛西菜」ともいった

江戸時代、武蔵国葛飾郡小松川村（現在の東京都江戸川区の西部）が名産地だったことから、この名がついた。それまでは葛飾郡葛西も名産地で、「葛西菜」とも呼ばれたが、小松川村のほうがより有名だったようで、こちらの名が広まった。

インゲンマメ……禅僧・隠元が伝えた豆だから

江戸時代、中国・明の禅僧・隠元が日本に渡来したとき、もたらしたとされるマメ。彼の名から「インゲンマメ」となった。ただ、隠元のもたらした豆は別種のフジマメだったともいわれる。

浅葱《あさつき》……どこが〝浅い〟のか？

薬味などに用いるユリ科の多年草。ネギの仲間だが、他のネギ類に比べると、臭気が〝浅い〟ことから、この名になったとみられる。言葉の成り立ちとしては「浅＋

ツ＋葱《き》」で、この「ツ」は連体修飾をつくる助詞。なお「浅葱《あさぎ》色」は薄い藍色、水色。

高菜……何が「高い」のか？

辛味があって、おもに漬物にするカナシナの栽培品種。茎が1～2メートルにも伸びて、〝背高く〟育つところから、「タカナ」と名づけられた。

マンゴー……もともと、何語？

ウルシ科の甘いトロピカルフルーツ。インド南東部、スリランカなどで使われているタミル語で、「果物の木」を意味するマンギー、あるいはマンガーがなまって、英語でマンゴーとなり、それが和名にもなった名前。

パセリ……「芹」と関係はあるのか？

洋食に添える葉菜。parsley と綴り、原音は「パースリ」に近いが、日本では、同じ葉菜に「芹」があるところから、「パセリ」と呼ばれるようになった。

ドリアン……あの「とげ」からのネーミング

独特の匂いを放ち、果物の王様とも呼ばれる「ドリアン」。マレー半島原産で、その名はマレー語に由来する。マレー語で「トゲ」を意味するduriに、接尾語のanが付いた言葉であり、その意味は「とげのあるもの」。

ネーブル……「臍」との関係は？

柑橘類のネーブルはnavelと綴り、もとは「へそ」のこと。果実の一部がへそのようにくぼんでいることから、この名がある。ブラジル原産で、アメリカで大規模栽培されるようになり、日本には明治時代に入ってきたが、よく食べられるようになったのは、昭和40年代以降のこと。なお、九州や四国の一部では「へそみかん」とも呼んでいる。

グレープフルーツ……柑橘類が〝ぶどう〟と呼ばれるのは？

グレープフルーツは柑橘類の仲間だが、「グレープ」と呼ばれるのは、実のつき方がブドウの房のようだから。他の柑橘類は、一本の枝に少数の実がなるのが普通だが、グレープフルーツは、一本の枝に多数の実がかたまってなり、ブドウの房のようにもみえる。そこから、グレープフルーツと呼ばれることになった。

御所柿《ごしょがき》……京都の「御所」とは関係ない

甘柿の一品種。かつての奈良県南葛城郡御所《ごせ》町（現在の御所市）が原産地であることから、この名がついた。なお、柿の名は「ごしょ」、地名は「ごせ」と読む。

ザボン……「文旦」とも呼ばれるのは？

柑橘類のなかで、最大級の品種。マレー原産で、その名はポルトガル語の「ザンボア」に由来するという説が有力。「文旦」とも呼ばれるが、この名は、唐人の謝文旦が日本に初めてもたらしたことに由来するという説がある。

温州蜜柑《うんしゅうみかん》……温州ってどこのこと？

「温州」は、蜜柑の集散地として有名な中国の浙江省の地名。蜜柑の原種はこの地からもたらされたと考えられ、室町末期には「温州橘」と呼ばれていた。橘は、柑橘類の総称。江戸時代になって、「温州蜜柑」と呼ばれるようになった。

はっさく……食べ頃を表している名前

「八朔」と書き、本来は旧暦の八月朔日《ついたち》のこと。農家ではこの日、ふだんお世話になっている人々と新穀を贈り合い、祝った。その頃に熟し、食べ頃になる果実であることからこの名になった。

■「デザート」と「飲み物」に関する名前のルーツ

おやつ……「やつ」とは何のこと？

かつて、午後三時のことを「八つ時」といった。昼食の習慣がまだなく、朝食、夕食のみだった時代、「八つ時」に間食を食べたところから、八つ時の間食を「お八つ」と呼んだ。やがて間食全般を指すようになった。

菓子……昔は「果物」を意味した

もとは「果子」と書き、果物を意味していた。やがて中国から米や麦の粉などでつくった団子のようなものが伝わると、「唐菓子」と呼ぶようになった。中国伝来品以外に、日本産のものも流通していく中で、「唐」の字が消えた。

今川焼き……「今川」って何のこと？

あんこ入りの太鼓型の饅頭。江戸の終わり頃、神田の今川橋あたりで売り出されたことからつけられた名前だ。よその土地にも同じような饅頭があるのは、地方から出てきた人たちが、故郷に伝えたからとみられる。

煎餅……もともと、どんなもの？

「煎」という漢字には、焼いて水気をなくすという意味がある。一説によると、八〇四年、空海が唐に渡り、順宗帝に招かれた際、亀甲形の煎餅が出された。空海はその製法を学び、帰国後、山城国の和三郎に教えた。和三郎は、米粉に果実の糖液などを混ぜて焼き、それが日本での煎餅のルーツとなったという。

御幣餅《ごへいもち》……「御幣」って何のこと？

餅に味噌などを塗り、串に刺して焼いて食べる長野・岐阜県の郷土食。楕円形で偏平な形が、御祓いに用いる「御幣」に似ていることから、この名になったとみられる。「御幣」は、また、「五平餅」とも書くことから、五平という宮大工が作りはじめたという説もある。

甘納豆……誰がつけた名前？

小豆などの豆類を甘くゆでた菓子。明治の初め、日本橋の菓子商、榮太楼總本舗の細田安兵衛が初めて製造した。その際、遠州名物の「浜名納豆」をもじって「甘名納豆」と命名。後に略されて「甘納豆」の名で一般に広まることになった。

メロンパン……よく見ると「メロン」と似ていない？

「メロンパン」は、大正時代にはすでに売り出されていたが、その名の由来ははっきりしない。生地に配合された「メレンゲ」が変化して、メロンになったという説や、皮のひび割れがマスクメロンに似ていたからという説などがある。

チョコレート……メキシコでは「苦い水」

英語の「chocolate」をカタカナ化した言葉だが、もとはメキシコのインディオのデワ族の「xocatl」という語に由来する。「苦い水」という意味で、この言葉が英語化して日本にも伝わった。

ウエハース……オランダ語やフランス語を経て、日本で生まれた言葉

アイスクリームなどに添える、短冊《たんざく》形の洋風焼き菓子の「ウエハース」は、オランダ語の「ワッフル」にルーツをもつ。ワッフルがフランス語、英語を経て、日本で「ウエハース」と呼ばれるようになった。

コーヒー……どこから来た名前？

コーヒーを最初に飲んだのは、十一世紀以前のアラビア人たち。コーヒーという言葉も、もとはアラビア語で、「カーファ」が本来の発音に近い。その名がヨーロッパ各地に伝わるうち、それぞれの地でなまり、日本では英語由来で「コーヒー」と呼ばれるようになった。

ヨーグルト……もとは「攪拌する」という意味

古いトルコ語で「攪拌する」という意味の単語を語源とする。英語、あるいはドイツ語を経て、日本では牛乳を発酵させてつくる食品を「ヨーグルト」と呼ぶようになった。

ぼた餅……「ぼた」って何のこと?

この語源をめぐっては二説ある。一つは、ぼた餅に使う低品質の米のことを「ぼた」と呼んでいたからというもの。昔は、餅をつくときに品質の悪い米を使っていたのだ。もう一つは、漢字で「牡丹餅」と書くように、餅を盆に盛り並べた形が牡丹の花の形に似ているからという説。

安倍川餅……静岡県安倍川の名物だったから

安倍川は、静岡県西部を流れる川。江戸時代、安倍川の茶屋のきな粉餅が、旅人の間で人気となった。そこから、焼いた餅に、きな粉をまぶしたものを、全国的にこの名で呼ぶようになった。

■「動物」と「植物」に関する名前のルーツ

薔薇《ばら》……「バラ」だけの意味ではなかった

「イバラ（茨）」の「イ」が取れて生まれた語。イバラは、バラやカラタチなどトゲのある低木の総称。薔薇を「しょうび」と読むと、イバラという意味にもなる。

スミレ……大工道具とはどんな関係がある？

花の「スミレ」の名は、大工道具の「墨入れ」に由来する。「墨入れ」は、木材をのこぎりで切る前に線を引くための道具。スミレの花の形が、その墨入れの形に似ていることから、墨入れが縮まってスミレになった。

アロエ……もともと何語？

ユリ科の多肉植物。もとは、古代アラビア語で「苦いもの」という意味。下剤、健胃剤として用いるが、確かに相当に苦い。

九年母《くねんぼ》……「九年」は何のための時間？

実を食用にするミカン科の木。マレー半島、あるいはインドシナ原産とみられる。伝わるところによると、第十一代の垂仁《すいにん》天皇の時代、香りの高い食べ物を求めて、常世《とこよ》の国に使いに出された者が、持ち帰るまでに九年もかかったことから、この名がついたという。

黒文字《くろもじ》……楊枝の材料と「文字」との関係は？

楊枝の材料になるクスノキ科の低木。女房詞《ことば》では「杓文字」「湯文字」などのように、語尾に「文字」をつけることがある。これも「黒楊枝」に「文字」がついて「黒文字」となったという説が有力。また別の説では、樹皮の黒い斑点を「文字」に見立てたという。

沈丁花……沈香と丁子を組み合わせて生まれた名前

ジンチョウゲ科の庭木。「その香りが沈香、花が丁子に似ていることから、この名になった」とも、「香りが沈香にも丁子に似ていることから、この名になった」ともいわれている。いずせにせよ、沈香と丁子の名を組み合わせて生まれた名前のようだ。

呉竹《くれたけ》……この「呉」の意味？

中国原産の竹の一種、淡竹《はちく》の異称。「呉」には中国伝来という意味があり、呉の国から移植した竹という意味。「呉竹の」は、「ふし」や「うきふし」などにかかる枕詞で、和歌によく登場する言葉。

侘助《わびすけ》……これが、ツバキの名前になったのは？

ツバキの一品種。豊臣時代の文禄・慶長の役の際、「侘助」という名の者が、朝鮮半島から持ち帰ったことから、この名になったという説がある。あるいは、茶人に好まれ、茶花に用いられることから、「侘数奇」や「侘好き」がなまったという説もある。

末摘花《すえつむはな》……紅花がこう呼ばれるのは？

紅花の別名。紅をつくるため、紅花の茎の〝末に咲く花を摘む〟ことから、この異称が生まれた。また、「末摘花」は『源氏物語』の巻名でもあり、その巻の女主人公の名でもある。末摘花は、この作品中、唯一といっていい醜女なのだが、なかなか人気のあるキャラクターだ。

シャクナゲ……生える場所からのネーミング

漢字で「石楠花」または「石南花」と書くのは、深山の石の間に自生し、南向きの地を好むことから。当初は「シャクナンゲ」と呼ばれ、一六〇三年に刊行された『日葡辞書《にっぽじしょ》』にもそうあるが、やがてシャクナゲに転じた。

染井吉野《そめいよしの》……「染井」も「吉野」も地名だった

「染井」は、東京の巣鴨・駒込付近の旧地名で、植木屋が多かったことで知られる地。ソメイヨシノは、幕末に染井の植木屋がつくったエドヒガンとオオシマザクラの交配種といわれ、当初は桜の名所・吉野山にちなんで「吉野桜」と呼ばれたが、吉野山にあるヤマザクラとの混同を避けるため、「染井吉野」になった。

アシカ……この名前の由来は？

アシカ科の哺乳類の総称。漢字では「海驢」のほか、「葦鹿」とも書く。葦の間にすみ、体の形が鹿に似ていることからのネーミングとみられる。また、アマシカ（海鹿）が詰まった名前という説もある。

ブラックバス……「バス」って、何のこと？

「ブラックバス」は、オオクチバスの通称。この「バス」は、乗り物のバスとは関係なく、古語のbristle（＝ブリストル）に由来し、逆立った剛毛という意味。ブラックバスの特徴のひとつは、背鰭にある硬い骨であり、その骨を剛毛に見立てたネーミングとみられる。

山椒魚……香辛料の「山椒」との関係は？

両生類の一種。その名と「山椒」の関係をめぐっては、複数の説があり、一説には、体の表面が山椒の樹皮のようであるからだという。他に、「体から山椒のような匂いがする」からや、「山椒の木の樹皮を食べる」からなどという説がある。

チャボ……小型のニワトリをこう呼ぶのは？

ニワトリの小型の品種。インドシナ半島南東部に、十七世紀頃まであったチャンパ国から渡来したので、チャンパがなまって、この名になったとみられる。

おしどり……「おし」って、どういう意味？

カモ科の水鳥で、〝夫婦仲〟がよいことで知られる。「愛しむ」で「おしむ」と読むところから、〝愛し鳥〟という意味とみられる。ただし、漢字では「鴛鴦」と書く。

うば鮫……「うば」って何のこと？

最大で全長十二メートルにもなる大型のサメ。ただし、性格はおとなしく、人を襲うことはない。歯がきわめて小く、それを歯の無い姥《うば》（老女）に見立てて、「姥鮫」と名づけられたとみられる。

源《げん》五《ご》郎《ろう》鮒《ぶな》……「源五郎」って、誰のこと？

琵琶湖にすむ大型のフナ。一説によると、琵琶湖畔の漁師、錦織源五郎が安土城主に献上したことから、この名になったという。なお、ヘラブナは、この源五郎鮒を人工的に飼育した品種。

花《はな》咲《さき》蟹《がに》……「地名説」と「見た目説」

「花咲蟹」は、体の表面に大きなトゲトゲをもつ〝カニ〟。カニとはいうものの、タラバガニと同様、ヤドカリの仲間だ。その名をめぐっては二つの由来説があり、一つは、北海道東部の根室半島がかつて「花咲半島」とも呼ばれ、同半島近くの海域でこのカニがよく取れたところから、という説。もう一つの説は、茹でると体表面のトゲトゲが赤く染まり、〝花が咲いた〟ように見えるところからだという。

オットセイ……いったい何語？

漢字で書くと「膃肭臍」。もとはアイヌ語で「オンネップ」と呼ばれていたが、中国では「膃肭」となり、その臍《へそ》が強壮剤として重宝された。やがて日本には、その薬が「膃肭臍」の名で紹介され、やがて動物自体も指すようになった。

アオリイカ……何の形から名付けられた？

「アオリ」は、馬具の一種「障泥《あおり》」のこと。鞍から垂らし、馬の汗や蹴上げる泥を防ぐ。アオリイカの半円形の幅広いひれの形が障泥に似ていることから、その名がついた。また、ひれを団扇《うちわ》のように煽ることから、ついたという説もある。

ウルメイワシ……なぜ潤んでいる？

「ウルメ」は潤んだ目。ウルメイワシは、目の表面が脂瞼という透明な膜で覆われている。そのため、丸くて大きな目が、濡れて潤んだように見えることから。

クツワムシ……馬の轡との関係は？

秋に鳴くキリギリス科の昆虫で、漢字では「轡虫」と書く。別名「がちゃがちゃ」で、その鳴き声が馬の轡が鳴る音に似ていることから、この名がついたとみられる。

土竜《もぐら》……「竜」とはどんな関係がある？

中国で「土竜」と書くと、みみずのこと。日本でもぐらを「土竜」と書くようになったのは、土中でもぐらが掘って進む穴の形が、竜の体に似ているからという説がある。

オランウータン……もとは人だった

マレー語で「森の人」を意味し、「オラン」は人、「ウータン」は森。江戸時代、オランダ語を介して日本に伝えられた言葉。

プードル……どんな使役犬だった？

もとはドイツ語で「水たまり」のこと。犬のプードルは水鳥用の猟犬なので、水際で水をはねることから、犬を意味する「フント」をつけて「プードルフント」と呼ばれていた。やがてフントが省略され、プードルのみで呼ばれるようになった。

ポインセチア……もとは誰の名前？

ポインセットのラテン語読み。アメリカの外交官ポインセットがメキシコ駐在中に発見したことから、彼の名をとって、この名がついた。

ホルスタイン……もとはドイツの地名

乳牛の一品種名。この牛は、オランダのフリースラント地方の原産で、ドイツのホルシュタイン（Holstein）地方で改良された乳牛。そのドイツのほうの地名が英語化して、ホルスタインとなった。

マンモス……もとは、「土の動物」という意味。

「マンモス」は、氷河期に生息した巨大なゾウ。そこから、マンモス校など、大きなものの代名詞として使われる。ところが、語源をたどると、マンモスに大きなものという意味はなく、英語のmammothは、ロシア語のマモートに由来し、これはタタール語で「大地の下に住むもの」という意味のママントウに由来する言葉。タタール人（＝モンゴル人）の伝説によると、地下には巨大な牛が住んでいて、その牙が掘り返されるという。むろん、マンモスの骨が土中に埋まっていたことからのネーミングだ。

カメレオン……なぜ、ライオンにたとえられた？

体の色を変化させることができる爬虫類。ギリシャ語のkhamai（小さな）とleon（ライオン）の合成語で、その意味は「小さなライオン」。頭の周辺が大きく発達していることから、それをライオンのたてがみに見立てて、こうネーミングされたとみられる。

ゴリラ……もともとはどういう意味？

記録に残る範囲で、歴史上初めてゴリラの姿を見た人は、カルタゴの提督だったといわれる。紀元前五〇〇年頃のことだ。その提督は、全身毛むくじゃらでありながら、人間の姿にも似たその生き物を見て、ギリシア語で「毛深い女」という意味の「ゴリラ」と名づけたという。

トナカイ……司馬江漢が紹介した名前

もとはアイヌ語の「トナッカイ」。江戸時代に司馬江漢が随筆で「トナカイ」と紹介し、以後、その名で呼ばれるようになった。そり引きなど古くから家畜として使われたことから、漢字では馴れた鹿、「馴鹿」と書く。

8　動作と状態をあらわす日本語の使い方

■それっていい状態？　悪い状態？

途轍《とてつ》もない……道を踏み外すという意味

「途轍もない」の「途」には「道」、「轍」には道に残る車輪の跡である「わだち」という意味がある。そこから、道筋から外《はず》れていることや、並外れていることを「途轍もない」と表現するようになった。

突拍子もない……どんな拍子のこと？

「突拍子」は、もとは平安時代末に楽しまれた「今様歌《いまようた》」で、使われた調子のこと。音声をそれまでの音階から、瞬間的に四度上げ、すぐに下に戻す調子で、ユニークな発声法であったことから、度はずれた、とんでもないという意味で一般にも使われるようになった。

滅相《めっそう》もない……「滅相」とは、どんな状態？

「滅相」はもともと仏教用語で、物事の移り変わりを四段階に分けたうち、命が終わる段階を指す。転じて、「とんでもない」という意味の「滅相な」が生まれ、「滅相もない」で、とんでもないという意で使われるようになった。

はくがつく……「はく」って何のこと？

この「はく」（箔）は、金、銀、銅などの金属を叩いて、紙のように薄く延ばしたもののこと。金箔や銀箔を工芸品などに貼ると、美しく仕上がることから、人の値打ちや位、格が上がることにたとえられるようになった。

がらんとする……寺院の伽藍から

寺院は大勢の人が集まれるように、天井が高く、広々とつくられているもの。そこで、広々としている様子を、寺院の別名である「伽藍《がらん》」をもちいて「伽藍としている」というようになった。なお「伽藍」は、サンスクリット語の「サンガァラーマ」の一部に漢字を当てたもの。

■その「形容詞」の語源はなんだろう

おこがましい……「おこ」は、もともと「をこ」だった？

「身のほどをわきまえない」のほか、「ばかげている」という意味もあり、もとは後者の意味で使われていた。本来は「をこがまし」で、「愚か」を意味する古代の言葉「をこ」に、似ているという意味の接尾語「がまし」をつけたもの。

いまいましい……もとは呪術用語だった

呪術的な信仰などから、不吉なものとして避けることを表す動詞「忌む」を重ね、意味を強めたもの。もともとは「忌み慎むべき」という意味だったが、やがて「腹立たしい」、「しゃくにさわる」といった意味に転じた。

さもしい……モデルは托鉢僧

僧侶を意味する漢語「沙門《しゃもん》」を形容詞化した言葉。托鉢僧の姿が、あまりに見すぼらしいことから、転じて、心が卑しいさまを指すようになった。

ひもじい……「もじ」って、どんな文字？

空腹を意味する名詞「ひ文字」が形容詞化したもの。「ひ文字」は女房言葉の一種で、空腹を意味する形容詞「ひだるし」の「ひ」の後に「文字」をつけ、同じ意味を婉曲に表したもの。

いかがわしい……これで「疑わしい」という意味になるのは？

「如何」が形容詞化した言葉。もとの意味は疑わしいことであり、疑わしいものには下品なものや見苦しいものが多いことから、怪しく下品であるさまに意味が広がり、「いかがわしい店」、「いかがわしい商品」などと使われるようになった。

つつがない……「つつが」って何のこと？

「つつがない」は、ダニの一種の幼生「つつが虫」に由来する言葉。この虫にさされると高熱にうなされ、昔は死亡率も高かった。そこから、無病息災、無事に暮らしていることを「つつが虫もいない」、転じて「つつがない」というようになった。

かったるい……もとは「かいな・だるい」

「かったるい」は、「かいな・だるい」（かいなは腕のこと）といっていたのが縮まったもの。もとは身体がだるいという意味で、もっぱら肉体的疲労のことをいっていた。それが、いまでは心理的な気分の重さを表現する意味に変化している。

だらしない……「だらし」とは何のこと？

「だらし」は、「しだら」の倒語で、「しだら」は秩序・規律を意味する梵語《ぼんご》の「スートラ（修多羅）」が転訛したもの。「しだらなし」で行状に秩序がないさまを指し、やがてきちんとしてないさまを「だらしない」というようになった。

図々しい……「図」が重なると、どうなる？

「図」には、たくらみ、計画の意味があり、「図に乗る」「図に当たる」など、物事が調子良く進むさまを表すときに、使われる語。そこから、調子に乗り、厚かましいさまを「図」を二つ重ねて「図々しい」というようになった。

そそっかしい……「そそく」って、どういうこと？

「そそかし」が音変化して生まれた語。「そそかし」は、落ちつかず、そわそわする意味の四段動詞「そそく」の形容詞形。そそかしの意味が発展して、あわて者であること、不注意で失敗しやすいことを指すようになった。

寂しい……どんな気持ち？

「さび」はもともと、金属にできる「錆」から来たとみられる。心が満たされず、寂しい思いを、鉄や銅が錆びて、ザラザラするさまにたとえたと考えられる。

如才ない……神様と関係ある言葉

『論語』の「祭神如神在（目の前に神がいますが如く敬う）」から出た「如在」が語源。それがいつしか意味が転倒し、「なおざりにする」「手抜かりがある」さまを言うようになり、「じょさいない」で「手抜かりがない」を意味するようになった。現在使われる「如才」は、当て字。

■その「動詞」の語源はなんだろう

にやける……どんな人の態度？

昔、小姓や男色家のうち、女性のようにめかし込んだ男性のことを「若気《にやけ》」と呼んだ。これが訛って「にやける」となり、やがて男性が妙にめかしこんだり、色気づいた態度をするさまを言うようになった。

とちる……料理をするときの言葉だった

もとは「とちめん棒を振る」といい、「とちめん」は麺の一種。棒でとちめんをつくる動作が慌てているように見えたことから、慌てるさまを指すようになり、やがて「とちめ」と略され、さらに動詞化して「とちる」となった。

ふんぞり返る……「ふんぞり」って何？

「ふん」は「踏み」が音変化したもの、「ぞり」は「反り」が濁音化したもの。足を踏み、反る動作を「返り」をつけることで強調した。上体を後ろにそらす態度だが、転じて、偉そうな態度をすることも指すようになった。

はかどる……何を「とる」の？

「はか」は、「計」「量」「果」などと書き、仕事の分担や進み具合い。現在も仕事が能率よく進むことを「はかが行く」と言うが、その「はか」と同じで、意味も同じ。江戸時代から使われた言葉とみられる。

たまげる……人は驚くと、どうなる？

「たま」は「魂」で、生物の体内に宿り、心の働きを司ると考えられているもの、心の活力。「げる」は「消える」が縮められたもので、「たまげる」は魂が消えるかと思うほど、驚いたという意味。江戸時代から使われたとみられる。

すっぽかす……「放かす」のこと

「すっ」は、「すっ飛ばす」「すっ頓狂」など、言葉の前についてその意味を強める語。「ぽかす」は、「捨てる」の意味の「放《ほ》かす」を破裂音化したもの。「すべきことを放棄した」ことを強調して言う語。

ほだされる……何に縛られている？

馬などをつなぎ留めることを意味する「絆《ほだ》す」の受身形。「絆す」には、他人の自由を束縛するという意味があり、「ほだされる」は自由を束縛されるという意味があった。転じて、情に縛られることを指すようになった。

うなだれる……垂れているのは何？

漢字では「項垂れる」と書き、「うな」は「うなづく」など、他の語の上について、首または首の後ろを意味する語。失意や恥ずかしさから首を前に垂れることを指し、もとは「うなだる」だったが、やがて「うなだれる」となった。

遮《さえぎ》る……「障え切る」とも書いた

もとは「先切《さきき》る」と書いたが、平安時代後期に音変化して「さいきる」「さいぎる」などとなった。さらに鎌倉時代に「障え切る」という意味を込めて、物事の進行などを邪魔することを「さえぎる」とするようになった。

楯突く……強敵に挑むこと

戦場から生まれた言葉で、かつて合戦の際、楯を持って強敵に挑むことを「楯突く」といった。転じて、目上の人に従わず、文句を言ったり、反抗することを言うようになった。戦国時代には、すでに現在の意味で用いられていた。

サボる……「サボ」って何の略？

フランス語の「サボタージュ」が語源。労働戦術の一つで、故意に仕事を遅らせたり、過失に見せて機械を壊すことをいい、日本では転じて、怠けることを「サボタージュする」といい、やがて略され、「サボる」となった。

すっぱ抜く……何を抜く？

「すっぱ」は戦国時代、武家に仕えた忍びの者のこと。忍びは突然、刀を抜くこともあるため、「すっぱ抜く」には、刀を出し抜けに抜くという意味もあり、そこから転じて、隠しておきたい秘密などを不意に暴露することを指すようになった。

ぐれる……語源は「貝」にあり

不良になるという意味の「ぐれる」の語源は、ハマグリにある。二枚貝の貝殻はぴったりと合わさるものだが、ひっくり返すと、それが合わなくなってしまうことから。ハマグリ、グリハマ、グレハマと変化して、ぐれるという動詞が生まれた。

牛耳る……牛の耳をどうする？

「牛耳」は、「牛耳を執《と》る」の略。中国の春秋戦国時代、諸公が盟約するとき、盟主が牛の耳を裂き、そこから出た血を皆で飲んだとされ、転じて同盟の盟主になること、団体を自分の思いどおりに動かすことを言うようになった。この「牛耳」が動詞化して、「牛耳る」となった。

めんくらう……どこから来た言葉？

「めんくらう」は、突然の事態にあわてたり、まごついたりすること。その語源をめぐっては二つの説があり、一つは剣道用語に由来するという説。「面！」と一本食らったときが「面食らった」状態というわけだ。もう一つの説は、「栃麺《とちめん》」に由来するという説。栃麺は、小麦粉に栃の実を混ぜて作る麺のことで、すぐに固くなるため、棒を使って手早く伸ばす必要がある。その様子から、あわてふためく様子を「栃麺棒を振るうよう」といい、やがて「栃麺棒を食らう」↓「麺食らう」に変化したという。

シカトする……「シカト」って何のこと？

「シカトする」は「無視する」という意味の俗語。一説には、花札賭博に由来するという。花札の絵柄に「紅葉に鹿」を描いた札があり、その札に描かれた鹿がソッポを向くように横を向いているところから、無視することを「鹿頭《しかと》する」というようになったという。ただ異論もあり、福岡地方の方言に由来するという説もある。

涙ぐむ……「ぐむ」って、どうすること？

「ぐむ」は名詞などについて、動詞化したり、強調する接尾語。かつては、「老いぐむ（老ける）」、「芽ぐむ（芽吹く）」のような言葉が使われていたが、今「ぐむ」付きの語で使われているのは「涙ぐむ」くらい。「涙ぐましい」は、それがさらに形容詞化した言葉。

す

せ

き

う

え

お

語源を知りたい日本語■さくいん

◆参考文献

「暮らしのことば語源辞典」山口佳紀編（講談社ことばの新書）／「語源ものしり辞典」樋口清之監修（大和出版）／「言葉に関する問答集総集編」文化庁（大蔵省印刷局）／「日本語はおもしろい」柴田武（岩波新書）／「ことばの博物誌」金田一春彦（文藝春秋）／「日本語の知識百科」和田利政監修（主婦と生活社）／「語源をつきとめる」堀井令以知（講談社現代新書）／「にほんご歳時記」堀井令以知（大修館書店）／「語源の楽しみ一～五」「語源散策」岩淵悦太郎（河出文庫）／「ことばの豆事典シリーズ」三井銀行ことばの豆事典編集室編（角川文庫）／「新聞に見る日本語の大疑問」毎日新聞校閲部編（東京書籍）／「井上ひさしの日本語相談」井上ひさし／「大岡信の日本語相談」大岡信／「大野晋の日本語相談」大野晋／「丸谷才一の日本語相談」丸谷才一（以上、朝日文庫）／「語源大辞典」堀井令以知編（東京堂出版）／「日本語源大辞典」前田富祺監修（小学館）／「広辞苑」（岩波書店）／「広辞林」（三省堂）／「日本語大辞典」（講談社）／ほか

※本書は、『話のネタがどんどん増える語源の話』（２０１１年／小社刊）、『できる大人の日本語大全』（２０１４年／同）を文庫化にあたって改題し、大幅に加筆の上で再編集したものです。

青春文庫

語彙力《ごいりょく》がどんどん身《み》につく 語源《ごげん》ノート

2020年10月20日　第1刷

編　　者　話題《わだい》の達人倶楽部《たつじんくらぶ》

発行者　小澤源太郎

責任編集　株式会社プライム涌光

発行所　株式会社青春出版社

〒162-0056　東京都新宿区若松町12-1
電話 03-3203-2850（編集部）
03-3207-1916（営業部）
振替番号　00190-7-98602

印刷／大日本印刷
製本／ナショナル製本
ISBN 978-4-413-09763-5

ほんとうのあなたに出逢う ◆ 青春文庫

図説　眠れないほど怖くなる！
日本の妖怪図鑑

鬼・河童・天狗・アマビコ・座敷童子・雪女・付喪神…本当は誰の心にも潜んでいる妖怪の魂——もうあなたの心にも芽生えているかもしれない！

志村有弘［監修］

(SE-760)

世界一小さい「柱」を知ってますか
あの業界のビックリ用語辞典

医療、法律、警察、スポーツ、建築、音楽、製菓など…さまざまな業界のありえない専門用語に「へぇ～！」連発

日本語研究会［編］

(SE-761)

神様は、ぜったい守ってくれる
神様が味方する人、しない人

仕事、お金、恋愛…「いつも運がいい人」は、神様の力を上手に受け取っています。日本人なら知っておきたい、神様との接し方とは？

藤原美津子

(SE-762)

語彙力がどんどん身につく語源ノート

〝言葉選び〟に自信のある人は、ルーツから考える。辟易、健啖、桐一葉、隗より始めよ…読むだけで日本語感覚が鋭くなる本。

話題の達人倶楽部［編］

(SE-763)